顶尖销售这样做

张利庠 ◎ 著

北京大学出版社
PEKING UNIVERSITY PRESS

图书在版编目（CIP）数据

顶尖销售这样做/张利庠著. —北京：北京大学出版社，2011.10

ISBN 978-7-301-19541-3

Ⅰ. 顶… Ⅱ. 张… Ⅲ. 销售—方法 Ⅳ. F713.3

中国版本图书馆 CIP 数据核字（2011）第 192317 号

书　　　名：	顶尖销售这样做
著作责任者：	张利庠　著
责 任 编 辑：	冯广翔
标 准 书 号：	ISBN 978-7-301-19541-3/F·2901
出 版 发 行：	北京大学出版社
地　　　址：	北京市海淀区成府路 205 号　100871
网　　　址：	http://www.pup.cn
电　　　话：	邮购部 62752015　发行部 62750672
	编辑部 82893506　出版部 62754962
电 子 邮 箱：	tbcbooks@vip.163.com
印　刷　者：	北京嘉业印刷厂
经　销　者：	新华书店
	787 毫米×1092 毫米　16 开本　13.25 印张　175 千字
	2011 年 10 月第 1 版第 1 次印刷
定　　　价：	32.00 元

未经许可，不得以任何方式复制或抄袭本书之部分或全部内容。
版权所有，侵权必究
举报电话：010-62752024　电子邮箱：fd@pup.pku.edu.cn

目 录

推荐序 / V

第一章 顶尖销售这样做个人定位

定位：你适合做销售工作吗 / 3

  策划家的头脑 / 3

  技术员的双手 / 4

  运动员的双脚 / 5

  演讲家的嘴 / 6

专业：顶尖销售应具备的六大基本功 / 11

  想——要有思路，有思路才有出路 / 11

  听——兼听则明，善于倾听，获取多方面信息 / 12

  写——能迅速把思维文字化、条理化 / 13

  说——能够进行有效的沟通与表达 / 13

  教——由"裁判员"向"教练员"转变 / 14

  做——身先士卒，办事能力强 / 14

第二章 顶尖销售这样做准备

目标：给你的航线加座灯塔 / 19

  目标到底有多重要 / 19

  营销目标设定的标准 / 20

  目标是种承诺 / 21

  次级营销目标的设定 / 22

准备：拜访前的准备要领 / 24
  充分的准备是成功的保证 / 25
  建立个性化的客户档案 / 33
  开发目标市场 / 38
  组建客户关系网络 / 39
  发挥关系网络的效用 / 40
  明确各项准备工作 / 41

第三章　顶尖销售这样见客户

约访：用好电话这块敲门砖 / 51
  电话约访好处多 / 51
  电话约访前的准备 / 51
  电话约访时的要领 / 52
  电话约访遭拒该怎么办 / 52
  把客户约出来 / 54

开场：张嘴就让客户信任自己 / 57
  给客户良好的第一印象 / 57
  开场的9种方式 / 58
  初次访问时应注意的事项 / 62

试探：找到客户的需求点 / 66
  客户的需求就是客户的穴道 / 66
  连环发问，把好客户需求脉搏 / 74

展示：让客户喜欢你的商品 / 78
  了解自己的商品 / 78
  如何介绍自己的商品 / 83
  FABE展示法 / 85
  要把产品特征展示转化为客户利益展示 / 88

如何将产品特征转化为客户利益 / 90

成交：抓住时机促成交 / 95

克服促成时的心理恐惧 / 97

抓住促成的信号 / 99

不要错过促成的时机 / 101

促成的一般方法 / 103

促成时需要留心的事 / 111

避免"临门一脚"的失误 / 111

成交的同时形成"客户链" / 113

总结：每次拜访都是成长的机会 / 118

销售是没有终点的航程 / 118

真正的销售始于售后 / 119

挖掘失败的原因 / 120

打包成功的经验 / 121

第四章 顶尖销售这样和客户打交道

应变：处理客户异议的技巧 / 125

得知拒绝的真意 / 125

如何看待客户的拒绝 / 128

处理客户拒绝的方法 / 130

处理客户异议的六大技巧 / 131

回款：确保货款的回收 / 152

收回货款才算是营销工作的结束 / 152

货款回收多重要 / 153

回收的心得 / 153

预防迟延收款的方法 / 154

售后：让客户成为长久伙伴 / 155

别忽略了售后服务 / 155

售后服务的种类 / 156

如何做好售后服务 / 156

第五章 顶尖销售这样提升个人含金量

心态：销售就要拼心态 / 163

心态控制命运 / 163

光明思维的三个级别 / 164

学会心态转换 / 165

仪表：多赚些第一印象分 / 166

不得不懂的营销礼仪 / 166

干净整洁的仪表 / 167

文雅端庄的举止 / 168

体面合身的服饰 / 172

高雅得体的谈吐 / 173

坐车也要讲礼仪 / 174

宴会礼仪知多少 / 175

时刻注意自我要求 / 176

沟通：能说善听促成交 / 179

营销中的有效沟通 / 179

营销沟通的魅力 / 180

营销沟通的技巧 / 183

效率：让你的时间更高效 / 192

营销时间的价值 / 192

营销时间管理的发展历程及重要概念 / 193

提高个人效率的8种方法 / 195

营销时间管理的技巧——4D原则 / 199

Top Sales 推荐序 PREFACE

第一次见到张利庠博士是在我们正大集团全封闭销售强化训练营上，张博士幽默诙谐、深入浅出、实战性很强的演讲给我留下了深刻的印象。当时给我的感觉就是，一个名牌大学的教授竟然连企业营销例会这样的小事都能讲得如此深刻透彻，说明他的功夫不只在书本上！

后来，我和张博士又在中国移动举办的财富论坛上先后演讲，于是便逐渐熟悉了起来。更主要的是，通过饲料行业举办的各种展会和论坛，我作为中国畜牧协会的副会长，张博士作为中国饲料经济委员会的副理事长，我们交往的机会越来越多，现在已经成为很好的朋友。

在此过程中，我又拜读了张博士的《中国饲料产业发展研究报告》，观看了在全国各地电视台热播的《王牌销售全套课程》和《如何打造中层干部的执行力》影视教材，这些使我们变得更加熟悉。现在，北京大学出版社即将出版张博士的《顶尖销售这样做》一书，我之所以推荐给大家，主要有以下几个方面的原因：

第一，本书经受了企业培训实践的考验，证明了它的实用价值。

从1992年张博士举办首期全封闭销售强化训练营以来，在社会上已经公开举办了数百期，在企业内部也成功举办了46期。其中，仅波司登股份有限公司就连续举办了8期（每年一次），每期学员人数众多，反响热烈。本书的内容就是训练营的核心课程，是经得起实践检验的真知灼见。

第二,本书讲述了培训销售的立体结构和完整的理论体系。

每家企业都会非常重视销售,都会有大量的营销人员,但是,如何全方位地培训、管理和考核销售却成了企业的一大难题。张博士在考察和研究日本、英国、德国和美国企业培训销售的实践以后,结合中国企业的实际情况,总结出一套适合中国国情的销售训练模式。

第三,本书具有相当高的实战价值,是一本即学即用型销售业务手册。

张利庠博士以销售的工作流程为主线,将销售的各个环节展现给读者,当读者遇到销售难题时,在相应章节能迅速找到应对方案。本书是一本实用性非常强的销售业务手册,看了就能学、学了就能做、做了就能赢!

另外,本书对企业内部的销售培训师来说,也是非常有益的参考书,能帮助培训师有效开展企业的培训工作。

总之,我非常高兴向大家推荐这本书,希望读者能从中学习到真本领,为企业、为社会、为国家做出更大的贡献!也希望张博士能够带给大家更多好的作品。

正大集团中国区副董事长

Top Sales

第一章
顶尖销售这样做个人定位

定位：你适合做销售工作吗

许多著名企业家都是以营销起家的，如松下幸之助、艾柯卡、沃森、李嘉诚、曾宪梓、王永庆、金宇中等。美国500家大公司的高级主管，大多数年轻时都从事过销售工作。正如美国亿万富翁鲍纳所说："只要你拥有成功营销的能力，那你就能白手起家成为亿万富翁。"在营销中，你利用别人的商品、资金和渠道，建立关系、储蓄资金、积累经验、蓄势待发，一旦时机成熟，就可开辟自己的天地。

不过，从事销售行业的人那么多，能称得上是"顶尖销售"的人却并不多。固然有机会等偶然因素存在，更多的，还是能力上的差别。无论是有做销售的天赋还是通过后天努力对自己进行磨练，顶尖销售是集合了如下能力的人：策划家的头脑、技术员的双手、运动员的双脚和演讲家的嘴。

◇ 策划家的头脑

销售是一份很依靠头脑、思维的工作，这就要求销售有策划家的头脑。善于策划的头脑对于销售而言，非常必要，否则就会像没头的苍蝇一样到处乱撞，忙忙碌碌却并没有与付出的努力相配的业绩。

顶尖销售要想赢得成功，就要善于动脑思考，通过巧妙的方式把自己的产品销售出去。但是，很多人推销产品的时候，手法太生硬，没有创意可言。销售出去推销产品，一出口就是"我们的产品质量过硬，还获过奖，ISO国际认证都通过了"，似乎他的产品完美无缺。这种推销方法，不仅毫无特色，难以挑起客户的兴趣，更有"王婆卖瓜，自卖自夸"之嫌，并不是好的推销方法。

组织销售活动也好，上门拜访也好，设想和创意一定要贴切，否则就会弄巧成拙。我们需要创意，要把产品信息传达得巧妙一些，而不能一味追求独特而让人感到费解，否则不但不能很好地宣传自己的产品，还会让客户犯糊涂。

某电脑厂商推出一款操作简便的电脑，一位销售向消费者介绍说"这电脑连猴子都能玩"，这不仅没让消费者产生兴趣，反而觉得自己被贬低了，显然不是个好的销售创意。

◆ 技术员的双手

销售要有技术员的双手。一个顶尖销售既是销售，也是工程师，是两者的结合体。销售推销任何产品，都要对其了如指掌。

世界著名的汽车销售乔·吉拉德创造了骄人的销售业绩，其原因就是他对所销售的汽车非常了解。

吉拉德是一位驾驶高手，曾经获得过赛车比赛的冠军。他把汽车开到消费者面前，先让他们看颜色、款式、价格。消费者如果觉得颜色、款式、价格都没有问题，再给他们展示汽车的性能。吉拉德往往二话不说，坐进汽车里面，启动汽车，一踩油门，轰的一声就冲了出去，然后在消费者视力所及的范围内，接连来上三个360度的转弯，非常潇洒、干净，令人叹为观止。最后，吉拉德驾驶着汽车朝着消费者的方向风驰电掣般开来，在离消费者10米远的地方，轻轻一踩刹车，汽车就乖乖地停在了消费者的跟前。

这样的车技一展示，消费者都非常信服，往往立即签下订单。

最好的药物销售往往是医生，因为他最懂得药理；最好的服装销售往往是服装设计师，因为他最懂搭配；最好的汽车销售不是车手也得是机械师，因为他懂汽车……一个人最擅长什么，那他就去卖什么，这才是最好的。

◆ 运动员的双脚

销售的双脚应该是勤劳的,像运动员一样永不停步,客户不会自己送上门来,要多跑路。

销售就是要踏遍千山万水,说尽千言万语,历尽千辛万苦。很多销售业务做得非常好,如果问他们为什么能做好,他们肯定会回答"只要刮风下雨他们就出去做推销"。为什么呢?因为一刮风、一下雨,其他的销售都躺在家里睡觉,他们这时候出去做推销,成功的概率就非常大。

原一平是全世界最伟大的保险推销员之一,他一天能拜访100多个客户,其艰难程度可想而知。原一平在日本销售保险时,发明了"扫楼"这个概念。一栋摩天大楼,他挨家挨户拜访,就像扫地一样全部都扫完,而且他拜访最多的楼层是7层到10层的客户。因为在过去,日本10层以下不停电梯,必须自己爬楼梯上去。很多销售爬到7层就不愿意再往上爬了,而10层以上就直接坐电梯上去了,恰恰是7层到10层这4层楼很少有人去拜访。所以,原一平专门去做7层到10层的客户,最后成就了他的销售奇迹。可见,"推销之神"的称谓都是靠勤奋得来的。

有一次,原一平在日本办讲座,题目叫推销技巧。一听他的讲座,很多人就来买票听课。而原一平上课以后,先是板着脸,看着观众,一句话也不说。有的观众就抱怨说:"我花钱买了票,是来听你的课的,不是来看你板脸的。"原一平听后还是不着急讲,于是人们都陆陆续续地走了,最后只剩下十几个人的时候,原一平说话了:"你们这十几个人是对我最有耐心的,所以我要把平生最大的秘诀告诉你们。"这十几个人听了很高兴,心想,原来原一平先生将近一个小时没说一个字,是在考验听众的忍耐力。然后原一平说:"在这儿不能讲课,你们跟我回宾馆的房间去。"这十几个人就跟原一平回到他住的宾馆房间。回到房间后原一平坐到床上,就开始脱鞋、脱袜子,把脚底板向这十几个人展示,然后对他们说:"这就是我的销售秘诀!"看到他这双脚,人们都震惊了。原一平说:"我脚底板三层的老茧,就是跑出来的。不勤奋,永远不会成为优秀的销售。"

因此,成为一名顶尖销售,要有运动员的双脚,一定要多跑路。每一天要拜访的客户,要规定一个基本的数量,只有这样才能确保业绩。

◎ 演讲家的嘴

顶尖销售要有演讲家的嘴,推销主要是靠说去打动客户,因此演讲技能是顶尖销售的关键技能。演讲家的嘴,表现在三个方面。

1. 能看人说话

作为一名顶尖销售,在推销的过程中,要能把糊涂的人讲明白,把明白的人说糊涂,这是顶尖销售的魅力之一。如果面对的客户对产品一无所知,而销售能把产品各个方面的情况介绍得很清楚,客户明白以后一般都会决定购买这个产品。如果面对的客户对这个产品相当了解,那就需要把他说糊涂,他才可能会购买。

以推销手提电脑为例,假如销售推销的笔记本电脑是市面上最小的手提电脑,向普通客户推销时,就必须把这种手提电脑的功能,比如如何摄像、如何把电脑当数码相机用等都讲清楚,客户才可能决定买一台试试。

但是,如果销售面对的是一个计算机专家,他可能比销售更清楚电脑的情况。这时候就需要把他说糊涂,他才可能购买。而这个时候,销售和他说电脑专业方面的事情,肯定不能把他说糊涂,因为他或许是个电脑相关专业的博士。此时，销售员可以给他讲点哲学，如果他还不糊涂，就给他讲佛学；如果佛学还不能让他糊涂，就给他讲点八卦，最终肯定能把他弄糊涂，把他弄糊涂，他才会购买这台电脑。

有一次，我到中国最大的一家肉联厂参观。肉联厂的老板亲自带我参观他们的生产线。他们的生产线确实非常壮观。生产线起点是养猪场，终点是成品库；在这头还是活蹦乱跳的一头猪，进了生产线，到那头就成了一箱火腿肠。

参观完后，老板问我对他们的生产线印象如何。我当时就想，如果跟他谈火腿肠，我肯定谈不过他。于是，我决定索性把他先弄糊涂。我于是跟他说："这个生产线不行。"老板很惊讶地问："难道你见过比这还好的生产线吗？"我马上和他说："我见过的生产线跟你们的这个顺序不一样，人家是在起点把一箱子火腿肠放到生产线里去，到了终点就出来一头猪。"老板听完就糊涂了，他说："你还真爱说笑啊，哪有把火腿肠变成猪的生产线啊？"

但是，也不能让他老糊涂。于是，我和他说："从生产流程上说，你可以把一头猪的整体，变成一个个的火腿肠的个体；但是在企业管理方面，如果不能把员工这样的个体变成一个整体的话，那么企业的整体效率就会大大降低。很多企业就是这样，分营销部、市场部、采购部、生产部，每一个部门的效率相当高，因为部门内部管理到位。但是这些部门组合成一个企业整体的时候，因为相互之间协调困难，沟通存在障碍，最后无法有效配合，导致企业的整体效益降低，这就是管理流程出了问题。所以，从管理流程上说，需要把火腿肠变成一头整猪，把所有的中层干部，即一个个的土豆变成一个整体。"

这时，老板说："我们的中层干部确实就像一个个土豆，而我就像一个麻袋。这个麻袋把土豆们装了进去，但他们却在麻袋里乱打乱踢！"

于是我就告诉他："一定要在管理流程上进行再造，这就是哈佛大学最新的研究成果。要把管理流程从一个个分开的个体，变成一个整体。对管理流程进行再造，有助于生产流程的优化。"

最后，我成功地向他推销了管理流程再造和生产流程再造联动优化这样一个企业再造的咨询工程。

总之，这就是先把他从明白整糊涂，又从糊涂变明白，然后再从明白变糊涂，三圈下来，他已决定购买我的产品，这就是一种说话技巧。

2. 说客户感兴趣的话

销售要依据客户的兴趣决定说话的内容。销售不能说假话，说假话就是骗人，违背销售的职业道德；但是不能说假话，不代表一定要说真话。如果把企业的商业机密泄露给客户，客户也不会购买你的产品。销售不能讲假话，又不能讲真话，那么，到底讲什么话呢？

销售要有选择地去讲，要讲客户感兴趣的话，或者说要讲客户需要的话，用俗话说就是"见人说人话，见鬼说鬼话"。

3. 说话要有幽默感

销售说话要有幽默感。销售在推销产品的时候，客户往往会有一种害怕的心理，害怕自己的钱被销售拿走了，而买到的东西却不好。因此销售可以给客户讲比较幽默的故事，让客户放松下来，他们就不会再害怕，也比较容易决定购买你的产品。销售如果没有幽默感，讲的话干巴巴，没有血肉，这样，既不能让客户放松，也不会使客户产生购买的冲动。因此，销售说话要有幽默感，要跌宕起伏，让人听起来比较舒服。

那么，什么是幽默感呢？幽默感就是按照常规道理，推导出意想不到的结果。幽默感的本质是，结论与人们常规想象的不一样，而不是单纯的笑话。

原一平身高只有1.45米，却是日本保险业声名显赫的人物。初入推销界时,原一平的上司高木金次曾对他说:"体格魁梧的人,看起来相貌堂堂,在访问时较易获得别人的好感;身材矮小的人,在这方面要吃大亏。你和我均属身材矮小的人,我认为必须以表情取胜。"原一平从中获得很大启发。从那时起,他就苦练各种幽默的语言,配以幽默的表情。在他向客户介绍产品时,经常逗得客户哈哈大笑,客户在被逗笑的时候,便建立了对他的信任。

他登门向人家推销人寿保险业务时,经常用如下的开场白:

"你好!我是明治保险的原一平。"

"啊!明治保险公司,你们公司的推销员昨天才来过,我最讨厌保险了,所以他昨天被我拒绝了!"

"是吗?不过,我比昨天那位同事英俊潇洒吧!"原一平一脸正经地说。

"什么?昨天那个仁兄长得瘦瘦高高的,哈哈,比你好看多了。"

"矮个子没坏人,再说辣椒是愈小愈辣哟!俗话不也说'人愈矮,俏姑娘愈爱'吗?这句话可不是我发明的啊!"

"哈哈!你这个人真有意思。"

展现幽默并没有一定的成规,想养成幽默的推销风格,需要根据自身的特点,找到最适合自己的语言风格。需要特别注意的是,不要在展现幽默的时候让客户感觉是在嘲笑他。

---------- 测试题 ----------

你适合从事营销吗

这个测验总共有15个问题,前14个问题以"经常如此"或"有时如此"或"几乎从未如此"作答,最后一道题则用"常常如此"或"很少如此"或"几乎从未如此"作答。

1. 你真心喜欢你周围的人吗？

2. 必要时，你会主动与他人握手吗？

3. 与人谈话时，你会投以亲切的眼神吗？

4. 表达意见时，你会采用简单清晰的方式吗？

5. 你能够适时地表现幽默感吗？

6. 你能向客户举出5种以上购买理由，说明你为什么要营销这些有价值的东西给他吗？

7. 你的穿着是否整洁得体，与你营销的产品相吻合？

8. 你给人一种生活充实的印象吗？

9. 遇到不如意的事时，你很容易沮丧吗？

10. 你能正确地回答关于你所营销的产品的各种问题吗？

11. 与人有约，你能准时赴约吗？

12. 若有人请你服务，你相信这也是营销的一部分吗？

13. 你是否长于制作各种报告、数据图表及统计资料？

14. 你希望从人际的接触中获得即刻的回报吗？

15. 你认为营销这种工作是否应该有固定的工作时间？

评分标准：

从1至14题，凡答"经常如此"者得6分；答"有时如此"者得4分；答"几乎从未如此"者得2分。

第15题，因为销售工作变动频繁，所以工作时间很不固定。因而答"经常如此"得2分；答"很少如此"得4分；答"几乎从未如此"得6分。

你的得分意味着：

74~90分：恭喜你，你是个天生的销售。你喜欢与人接近，知道如何与人相处，营销时也非常诚恳踏实。对于营销这个工作，你会觉得很刺激，很少有疲倦感。

52～72分：这个分数属于中等，表示你拥有这方面的潜力，只要经过努力及训练，你仍可能成为一名杰出的销售。不过最重要的是，你是否具有营销的热忱，因为其他方面的弱点都是可以克服的。这个测验正好指出你还有哪些方面需要加强。

30～50分：奉劝你最好不要从事营销工作，因为你会很不快乐。你可以考虑其他无须如此与人接触频繁而且非常繁忙的工作，这并不是你本身有着不足，而是营销工作根本不适合你。不过这个测验中所得到的一些特质，如穿着得体、性格平易近人等，不只是当一个销售应该拥有的，在许多其他方面也一样适用。

专业：顶尖销售应具备的六大基本功

销售工作虽然门槛低，但做销售容易，做好销售难，想成为顶尖销售，要下的工夫就更多了。想成为顶尖销售，就要练就六大基本功，即想、听、写、说、教、做。

◇ 想——要有思路，有思路才有出路

想，即销售应该具备一定的策划能力。现在大多数厂家的驻外销售，都是在指定的区域市场里开展销售工作。厂家给销售设定一个销售任务，提供一定的保底工资、差旅费、宣传资料等资源，其他的包括市场调研、市场规划、客户开发、客户管理、投诉处理等基础性工作都要销售亲力亲为。要做好这一切，确保所负责的区域市场销售持续健康地发展，销售应该做到以下几点：

首先，销售必须对其所负责的区域市场有一个整体的市场规划，包括阶段性销售目标、销售网络如何布局、选择什么样的经销商、以什么

样的产品和价格组合切入、采取什么样的促销方式等。

其次，销售在开发经销商和管理经销商的过程中，经常会碰到很多问题，包括经销商抱怨产品价格过高、要求做区域总代理、要求厂家垫付资金、控制厂家的发展、质量事故等。销售要处理好这些问题，必须运用一些策略，而这就需要销售精心的策划。

再次，销售还应该充当经销商的顾问与帮手，包括发现经销商在发展过程中的机会与问题、对经销商的发展提供指导、帮助经销商策划促销活动和公关活动等。只有区域销售是一位策划高手，才有可能使其所负责的市场销售业绩有更快更稳健的增长；只有区域销售帮助其经销商出谋划策，才能赢得经销商的信赖与认可，才能充分利用和发挥经销商分销的功能，确保销售网络的健康与稳定。

◇ **听——兼听则明，善于倾听，获取多方面信息**

听，即销售应该具备倾听的能力。很多销售，在开发经销商的过程中，一上门，不管经销商是否愿意听，就喋喋不休地介绍自己的产品是多么好，功能是多么齐全，自己的公司是多么优秀，经销商代理销售这种产品能带来多么丰厚的利益等。但是，以这种方式推销产品的销售，大部分都是无功而返的。

实际上，做销售不管是开发经销商还是处理客户投诉，倾听比说更重要。一是，倾听可以使你摸清对方的性格、爱好与兴趣；二是，倾听可以使你了解对方到底在想什么，对方的真正意图是什么；三是，倾听可以使对方感觉到你很尊重他，很重视他的想法，使他放下包袱与顾虑；四是，当对方对厂家有很多抱怨时，倾听可以使对方发泄，消除对方的怒气；五是，倾听可以使你有充分的时间思考如何策略性地回复对方。

那么，销售如何倾听呢？一是，排除干扰、集中精力，以开放式的姿态、积极投入的方式倾听客户的陈述；二是，听清全部内容，整理出关键点，听出对方的感情色彩；三是，重复听到的信息，快速记录关键词，提高倾听的记忆效果；四是，以适宜的肢体语言回应，适当提问，适时保持沉默，使谈话进行下去。

◇ 写——能迅速把思维文字化、条理化

写，即销售应该具备撰写一般公文的能力。很多营销主管可能都有这样的经历：很多销售以电话的方式汇报，市场上这个竞争对手在搞促销，那个竞争对手在做降价，请求公司给予政策上的支持。而需要写一份书面报告时，要么是销售不能按时将报告传回，要么就是写回来的报告层次不清、意图不明确。

为什么会出现这种情况呢？这是因为很多销售根本不会写报告或者写不好报告。实际上，越是规范化的公司，越是有问题的区域市场，越是要求销售以书面的形式请示。

如何提高销售的写作能力呢？一是，销售在汇报工作和要求政策支持时，尽可能地以书面的形式提交；二是，参加公文写作的培训，或者购买这方面的书籍，进行学习；三是，多写一些销售体会方面的文章，并争取在企业内部刊物和一些专业性杂志上发表。

◇ 说——能够进行有效的沟通与表达

说，即销售应该具备一定的说服能力。销售作为公司的代表，公司的基本情况、产品特点、销售政策等都是通过销售以沟通的方式向客户传递的。销售在与客户沟通公司政策的过程中，经常会出现这样的情况：有的客户很快就明白了公司的意图，同时表示理解而且全力支持，有的客户对公司的意图不理解，有的客户却对公司很反感甚至断绝与公司的合作关系。

为什么会出现这些情况呢？原因在于不同的销售，说服的能力不一

样。

销售如何提高自己的说服能力？一是，销售正式说服客户之前，要做好充分的准备：首先，通过与客户相关联的人或者向客户多提问的方式了解客户的需求，即他在想什么，想要得到什么，担心什么，以便对症下药；其次，针对客户的需求，拟订说服计划，即怎么样去说服客户，从哪些关键点去触动他，把关键点写下来，牢记在自己的心中。二是，说话要生动、具体、可操作。在做销售说服的过程中，要具体讲到何时、何地、何人、用何种方法、实施后可达到何种效果。三是，多站在客户的角度，帮助他分析他的处境，告诉他公司的政策或产品能够给他什么帮助，从而让客户认同自己的公司和产品。

◇ 教——由"裁判员"向"教练员"转变

教，即销售应该具备一定的教练能力。顶尖销售之所以能保持高绩效的业绩，其根本原因在于他能有效地整合资源，对其所辖区域市场的经销商、经销商的销售员、经销商的终端网点客户，通过培训与指导的方式提高他们的经营水平和经营能力，使其都像自己一样优秀。

销售要教经销商、经销商的销售员、终端网点哪些内容呢？一是产品知识：教会他们了解产品的工艺过程、主要配方、产品的主要卖点、与其他竞品的区别、产品的特性与功能、产品的使用方法等。二是经营方法：教会他们如何做市场规划、如何开发和管理下线客户、如何与下线客户建立良好的客情关系、如何处理下线客户的异议与投诉等。三是指导经营：不断发现经销商及经销商的销售员在实际操作过程中存在的问题，包括铺货不到位、区域市场开发缓慢、销售时间效率低下等问题，向经销商提出改进建议，从而提升销售执行力。

◇ 做——身先士卒，办事能力强

做，即销售应该具备很强的执行能力。很多销售主管也许都有这样的经历：下属销售月初的时候，拍着胸脯向你保证，这个月一定能完成什么样的销售目标，同时也有达成销售目标的一系列策略与措施，但每到月底销售计划总是落空。

为什么销售会出现这种偏差呢？是因为销售的执行力不高。很多销售月初、月中一般都无所事事，但一到月底就像热锅上的蚂蚁，不断地催促经销商报回款。然而现在的市场不是完全由经销商说了算，一个经销商的分销能力是要看他有多少终端网点，这些终端网点又有多少是有效的，是可控的。而这一切，都需要销售日复一日、年复一年、扎扎实实地沉到底、做到位。所以，销售必须具备很强的执行能力。

销售如何提高自己的执行能力呢？第一，应该有清晰的目标，包括年度销售目标、月度销售目标、每天的销售目标；第二，应该养成做计划的习惯，特别是日工作计划，当天晚上就确定好第二天的销售计划，计划什么时候、花多长时间、到哪里去拜访什么客户、与客户达成什么共识等都要心中有数；第三，应该养成检讨的习惯，每天回到住所，对今天的销售计划完成情况、销售成功点和失败点、存在的问题与需要厂家支持事项等进行简单的总结与回顾，并将其写到营销日记上；第四，要加强业务的培训与学习，提高自己的营销技能，包括客户谈判技能、沟通技能、时间管理技能等。

Top Sales

第二章
顶尖销售这样做准备

目标：给你的航线加座灯塔

豹子是动物界的短跑健将，捕食的时候速度堪比汽车，这是因为豹子面前有目标。由此可见，目标的作用不可小视，一个好的目标就像灯塔一样，能时时刻刻指引你，给你方向。所以，顶尖销售都懂得给自己设定一个营销目标。

◎ 目标到底有多重要

营销目标的作用主要有以下几点：第一，目标能够提供明确的前进方向；第二，设定目标便于工作和计划，并且可研究出事半功倍的达成方法；第三，制定出明确的目标易于工作得失的分析和检讨；第四，目标是一个人成长的原动力。因此，没有目标、没有计划、没有追踪的销售活动是失效的。

目标对于一个人的成长和发展非常重要，而且需要尽量把目标设定得高一些。

一个人成长的过程中需要不断地受到鼓励，才能将理想视为可以实现的目标而为之奋斗。而目标代表着自己努力的方向，所以目标对一个人的成才非常重要。

营销的目标首先是自己愿意实现的愿望，其次是以自己的能力可以实现的愿望，而不是痴心妄想。但是，能做的未必就是目标，与现实紧密结合的也未必是自己的目标。事实上，目标就是愿意做、能够做、和现实紧密联系的结合点。所谓"目"是指眼睛，"标"就是标杆，引申为标准。"目标"即眼睛能看得到的标准，也就是经过自己的努力可以实现的理想。

营销目标设定的标准

1. 明确

销售应明确需要完成的任务,也就是要量化的任务。任务的完成情况不应该用好或者不好这样模糊的标准来衡量,需要有量化的标准,比如"今年完成销售额200万元"就是一个非常好的定量标准。

2. 合理

销售定下来的目标要与具体的实际情况紧密结合在一起,具有可操作性。有人喜欢将目标制定得过于"宏大"。比如,去年销售额到了50万,今年把目标定到100万,也不做数据分析和市场调研,是"拍脑袋"得出的结果。这种不合理的目标,不仅起不到对工作的指导作用,形同虚设,还可能对自己造成负面的影响。

3. 挑战

设定的目标要有一定的难度,给自己设定一个合适的挑战。给自己设定挑战,是最好的动力。当然,如前文所述,所谓挑战是经过努力可以达到的目标,而不是无论如何都不可能完成的目标。

4. 沟通

营销目标应该具有可沟通性,也就是可以明确地与别人进行沟通、联络,以便彼此可以相互交流和共勉。把自己的目标"挂在墙上",让同事们看见,对自己是个很好的激励。另外,营销目标必须是"阳光的",而不是"阴谋的",这样才能够与别人分享。营销目标的沟通性是指目标性质必须良好。

思考题：

> 请判断下列目标是否正确，并说明原因：
> 1. 我要成为一位成功人士。
> 2. 我要在坚持不节食的原则下，到今年年底将体重减轻10公斤。

参考答案：

1. 此目标不合理。第一，"成功人士"的概念不明确，成功人士没有一个标准，每个人所认定的成功都是不一样的。这个目标没有量化的衡量标准，所以要成为成功人士的目标设定不科学。

2. 此目标是比较科学的目标。因为比较明确，10公斤是一个明确的标准，并且可以与人沟通、交流，可以请别人监督自己，可以衡量，而且时间的期限使得该目标具有一定的挑战性。

目标是种承诺

1. 对营销目标的承诺

营销目标设定以后，操作者应该给该目标一个承诺，也就是设定目标之后，要以什么状态去实现目标。一般有三种状态：最好的状态是全力以赴；第二种是尽力而为；第三种是试一试的心态。这三种状态决定了目标实现的几种可能性：如果全力以赴，那么目标一定能够实现；如果尽力而为，目标可能会实现，但也不一定实现；如果仅仅想尝试一下，那么实现的可能性几乎没有。

一位猎人外出打猎时，把兔子打断了一条腿，然后命令猎狗追捕兔子。猎狗越追，兔子跑得越猛。结果，猎狗追了10分钟，累得浑身是汗，还是没有追到兔子。于是，它回来对主人说："兔子跑了。"猎人非常生气地说:"我已经打断了兔子一条腿,你四条腿为什么追不上三条腿的兔子呢?"猎狗对此事不以为然。

第二天,兔子和猎狗召开记者招待会。在这个新闻记者招待会上,记者首先问猎狗:"猎狗先生,你的腿很健康,为什么没追上兔子呢?"猎狗回答说:"没必要追上啊,我吃穿不愁,不必拼命;而兔子面临生命的危险,拼命地跑,我和它不同。"记者又问兔子:"你断了一条腿,为什么还能从猎狗的魔掌当中逃脱出去呢?"兔子说:"我为了逃命,所以是全力以赴,我的脑子里没有别的任何想法,只有一个目标,那就是——逃命、奔跑、逃命、再奔跑。猎狗承诺的标准是尽力,而我是拼命,因此我赢了。"

这个故事生动地告诉我们,目标设定以后,对目标的承诺要不惜一切代价确保完成,绝对不要尽力而为,更不要抱着试一试的心态。

2. 实现目标的两种状态

设定目标以后,还要看操作者是积极地实现目标还是痛苦地实现目标,这是实现目标的两种状态。实现目标的状态可能是积极的、主动的、快乐的,也有可能被认为是一种压力,如果是后者,那么实现目标的整个过程将非常痛苦。

如果主动地实现一个目标,就是一个快乐的过程;如果被别人强制实现目标,那么实现目标的过程将非常痛苦。所以,既然同样要实现一个目标,最好用快乐的方式去实现它。

◇ 次级营销目标的设定

1. 次级营销目标的意义

如果一个大的营销目标难以实现,可以通过"次级目标"来循序渐进地操作,即把大目标分解成几个小目标逐步实现,最后完全实现大目标。这些小目标是大目标的不同层次，叫做次级营销目标。

次级目标有很多优点：第一，容易达成；第二，小目标达成以后，能够给予操作者一种成就感；第三，可以增强操作者的自信心，避免因为目标太大，不容易实现而形成的挫折感；第四，确知自己的进步。每实现一个次级营销目标，都证明了营销者的不断进步；第五，指出何处需要加强。在实现分级目标的时候，可以明确在哪些方面还应该加强。

在张健畅游英吉利海峡之前，已有不少运动员在这项活动上做出过努力。因为畅游英吉利海峡是打破世界纪录的一项活动，对于执行者而言具有很大的意义。

在张健之前，曾有一个女游泳运动员尝试过这项活动。当她游到终点很近的时候，恰遇大雾弥漫，抬头望不到边际，于是她决定放弃。但刚上船不久就到达了对岸。由此可见，看不到目标时很容易导致操作者放弃。

但次级目标可以使操作者很容易看到进展的过程，进而逐步实现最终的目标。

2. 如何设定营销次目标

如果销售即将拜访一位素未谋面的客户，期望通过5次拜访能得到订单，那么就需要列出5次拜访的目标。每一次分别需要做什么，如何做，都要列得清清楚楚。首先应该很好地结识该客户，第一次见面即与之建立一种信任关系；第二次见面时应该给对方演示自己的产品；第三次见面时争取把所有竞争对手的产品向客户介绍出来，突出自己产品的优势，以便客户在众多同类产品中选择本公司的产品；第四次与客户会面时要争取促成；第五次做好售后服务，同时争取把货款收回。

每个公司都有年收入目标，每个人也要有年收入目标，需要考虑的是每天销售量、成交率、成交量、月财务支出、月收入目标、月业绩、月客户数量、年业绩、年收入、年支出等诸多方面。因此,每一个企业每一年都要给销售下达年度的销售目标,而每一位销售都要根据公司的销售目标,来制定自己的销售目标。

除了制定自己的年度目标之外还要做一年、五年、十年的人生规划。比如,一年之内个人发展到什么状况,事业、经济要达到什么层次,自己的兴趣爱好与服务社会状况如何,等等。在此规划之下,还要制订付出和回报的具体计划,然后将支出和收入进行比较,每个月都要做一次。

要想成为顶尖销售,就要检验每一天的销售目标的完成情况。比如,做好每日的销售活动记录,即每一个时间段要拜访的客户,并列出下一步的拜访计划。同时,每周也要填写销售活动评估表,以便在周末与大家共同探讨这一段时间团队内每一位销售的业绩如何。可以细分为拜访量、目标完成情况、自己与最优秀者的差距、为什么会形成这样的差距等项目进行探讨,这样有利于销售相互学习和指正。

另外,应该有标准的销售手册作为销售自我检验与完成目标的辅助工具。销售手册应该包括一定的数据资料。销售手册的开篇应该是企业文化,中间是应用的表单,最后是一些激励的故事。这样一个销售手册,在销售使用的过程中效果是非常好的。

准备:拜访前的准备要领

古语说得好,"预则立,不预则废"。凡事都要事先做些准备,做销售工作也是如此。准备工作越充分,最后成功的可能性也就越大。

◇ 充分的准备是成功的保证

1. 制订访问计划

许多销售人员觉得每天的营销时间极其短暂，如果还要翻阅潜在客户的名单，并决定到哪里做访问，那么，有限的营销活动时间将更加紧张。其实，这绝对不是优秀销售应有的心态。

访问计划是营销计划的核心。我们应制订出每月、每周的计划，然后再根据计划内容制定每日的访问计划表。当天的访问计划表，原则上必须在前一天拟好。最好养成睡前拟好计划的习惯。

表2-1 访问的种类

类别	说明
随机访问	到陌生家庭或公司进行销售，这是营销的基本方式。
反响访问	根据广告或公司宣传的反应，以及根据问卷调查做访问。
介绍访问	通过客户或熟人等的介绍而访问。
估计访问	访问由上面三类访问中所分出的潜在客户，或事先电话预约的客户。
巡回访问	定期访问固定客户。
处理事宜	如果没有专人处理客户投诉事宜，营销人员应率先去访问。
其他访问	为交货、收款或售后服务而访问。

表 2-2　制订访问计划表的要点

序号	要点说明
1	目标要明显。
2	不浪费、不勉强、不疏忽(松弛不紧张的定律)。
3	符合 5W1H 法则(why＝目的理由、what＝内容、where＝场所、when＝时间、who＝面谈的对象、how＝方法)。
4	按照地区、商品和客户的不同而分别设想。
5	必须规定限度(例如：采取随机访问的方式时，规定自己访问 50 个人；预定访问公司时，规定访问三家公司)。

表 2-3　访问计划表的填记原则

填记原则	例子
1. 预定访问的地方或会议及访问路程	
2. 紧急事情或特定时间应进行的联络	
3. 考虑访问与面谈时间的长度	访问 A 公司——访问时间定在午后两点，由于这是第一次成交，因此必须花费 45 分钟。
4. 考虑等待和交通时间	由于是初次访问，因此决定面谈时间是 5 至 30 分钟，而路途时间为 40 分钟至 1 小时，共需时 1 小时 30 分钟。
5. 空档时间的利用	以最短的时间结束访问，只花 45 分钟，还剩 44 分钟，可以到附近做随机访问，或访问最近的潜在客户。
6. 决定每天的访问数	做随机访问时，可以决定访问 C 居民小区的 1～5 栋，或者决定沿着商业街访问 30 家商户。

2. 访问地区必须调查的重点

无论是进行无预定访问还是有计划地访问自己所负责的区域,销售都必须熟知访问地区的各项重点(见表2-4)。

表2-4 访问地区调查的重点

1. 区域人口	10. 区域种类(工业、商业、住宅区)	15. 不浪费路途时间的方法
2. 户数		16. 竞争企业进行访问的频率
3. 产业结构	11. 业界领导者	尤其与要访问的对象有关者
4. 就业人口	12. 团体领导者	
5. 风俗习惯	13. 舆论领导者(如果能让他站到我方一边,便是一个极具影响力的人)	
6. 气候		
7. 历史		
8. 著名人物	14. 预定要访问的对象是否在同一个区域内	
9. 公路网、交通网		

同时,销售还必须先针对以下各项(见表2-5),查清访问对象。

表2-5 访问对象调查的重点

访问对象	注意项目
个人	姓名、年龄、住址、职业、地位、收入、资产、经营、健康状况、性格、兴趣、家庭、人际关系、所属团体、邻居对他的评价以及与他进行交易的对象。
公司商店	访问对象所属圈内的热门话题,以及其他各种课题、市场行情、新产品、商界的现状分析、未来的动向等。
再度访问	找出比上次访问更有利的话题、消息等。

3. 访问的最佳时机

访问的目的在于使彼此充分沟通，因此选择适当的访问时机很重要。"知己知彼，百战不殆"，只有调查清楚对方较方便于访问的时间，才可以制订合适的访问计划。尤其是访问潜在客户或老客户前，更须搞清他们的作息时间，以便有的放矢。

除了客户主动提出商谈的要求以外，大多是由销售主动去访问客户。因此，在见到要访问的对象时，必须在短时间内判断对方是否方便，明辨对方是在推托或真的很忙。如果对方真的忙碌不堪，无论是否事先约定好，都应尽早结束访问，另约时间再谈。

4. 查核所需物品

进行访问时，别忘了带上所需的物品。通常，所要带的物品包括：

- 要向潜在客户提示的物品；
- 自身所需的物品；
- 与对方面谈时所需的物品；
- 对销售有所助益的物品。

5. 衣着必须整齐

销售的衣着会影响到客户对销售的第一印象。因为一个人的个性往往反映在服装上。所以销售的衣服，尤其是衬衫、领带以及鞋子等，必须保持整齐、清洁。

6. 别忘了面带笑容

笑容营销中有妙不可言的作用，它能把人心移动。笑容能给人留下美好的第一印象。充满活力、诚挚无邪的笑脸，到处都会受欢迎。所以，面对客户时，销售务必采取"笑脸攻势"。销售可以经常在镜子前练习，表现出自己最好看、最灿烂的笑脸。

7. 找到准客户

军事上十分注重战前准备，不打无准备之仗。第二次世界大战中著名的诺曼底登陆之所以成功,就是因为美英联军在正式实施诺曼底登陆之前,已经反复预演过多次,最终完成行动的时间和作战计划的时间仅差几秒钟。同样,营销首先也要做好拜访前的准备,找准潜在客户。

所谓潜在客户,是指在不久的将来会购买自己商品的人,也就是有可能成为自己客户的人。有人认为,没有买我的东西,就不算是我的客户。这种想法是有问题的。因为即使现在他们与你毫无瓜葛,但并不说明未来他们仍然与你没关系,只要持续不断地坚持拜访,有朝一日,他们必定会成为你的客户。

8. 四种潜在客户

潜在客户可以分为不同的级别(见表2-6),销售要能够对潜在客户准确定位。

表2-6 四种潜在客户

级别	说明
A级	在一个月以内可购买者,或已归纳出问题的关键,可向对方提出解决方案者。
B级	在三个月以内可购买者,或已找出问题的关键,可望在三个月以内解决者。
C级	在半年或本年度以内可能购买者。
D级	一年后可能购买者。

9. 寻找潜在客户的方法

寻找潜在客户的方法有很多(见表2-7),销售要灵活运用。

表 2-7　寻找潜在客户的方法

类别	方式说明
随机法	这是营销的基本方式。挨家挨户地营销,并消除先入为主的观念,只要时刻了解市场的变化,必定能按平均法则获得成果。
关系扩展法	利用兄弟、亲戚、朋友和同事等关系来寻找潜在客户,只要你所销售的商品令对方满意,对方自会成为你的忠实客户且为你宣传。但要注意一点,千万不可靠人情来逼迫对方订立合同,如此会破坏良好的人际关系。
无限连锁介绍法	像一条锁链一般,请客户连续不断地介绍潜在客户的方法。如果客户对你所销售的商品以及所提供的服务感到满意,自会为你介绍潜在客户。营销员除了负责营销商品以外,也应营销自己公司的服务,努力使客户获得满足。优秀的营销员,大多采取这种做法。
刊物利用法	在报纸杂志的登载内容或广告中寻找潜在客户的方法。
有力人士利用法	借有名望的人士或舆论领导者的影响力寻找潜在客户的方法。
展示会法	展示自己的商品以招徕观众,接着询问观众的住址、姓名等以找到潜在客户的方法。
联系法	与不同行业的人相互交换潜在客户的方法。
投送法	在宣传单上写下公司名称和营销员的姓名,投入邮筒里,投送两、三次后再开始访问的方法。
电话约定法	拿起电话簿和名片簿,以打电话的方式寻找潜在客户,并约定与他们见面的方法。

10. 对潜在客户的选择

有位销售与某企业的采购经办人洽谈了 6 个月,但一直未达成交易。最后他了解到,购买设备的大权原来掌握在总工程师手中,因此这

6个月都是劳而无功。这位销售的失败给我们的教训是：并非每一位潜在客户都是合适的客户。在你寻找到潜在客户后，不要急于与其洽谈生意，而应当再做一步工作，即要对潜在客户进行资格评定和审查，在众多潜在客户的名单上，挑选出最有可能购买的客户。

盲目的营销必定事倍功半。销售常犯的错误就是拜访了不该拜访的客户。据美国营销专家希尔进行的一次调查，在工业营销中，65%的访问都搞错了对象。美国营销专家麦克·哈南写道："有三条增加交易利润的法则：一是集中分清你的重要的客户；二是更加集中；三是更加更加集中。"国外的经验证明，如果事先对潜在客户进行选择，可以使营销活动的效率增加70%。

（1）选择潜在客户的意义。

具体来讲，选择潜在客户的意义表现在两个方面：

一是向可能购买产品的人营销，这是营销成功的基本法则。因为向无购买可能的客户营销产品，无疑是对牛弹琴；向购买可能性很低的人营销，只能事倍功半。

二是通过对潜在客户的选择，销售可以利用有限的时间和费用，集中精力去说服那些购买欲望强烈、购买量大的客户，从而提高营销效率。

（2）挑选潜在客户应遵守"MAN法则"。

"M"是指money，金钱。商品经营的一个重要法则就是把产品卖给有钱购买的人。"A"是authority，权力。如果对方无权购买，尽管销售营销有术，也无可奈何。"N"是指need，需要。即把产品卖给有需要的人。"MAN法则"，就是销售要首先研究客户的需要，然后看准有钱有权的对象，才能把产品出售出去。具体来讲，销售在对潜在客户做资格审查时，主要考虑以下三点：

购买能力（money）。商品经营的一个基本法则就是把产品卖给有钱购买的人。销售的任务不仅是把产品卖出去，更重要的是要把货款收回来。因此，销售一定要了解客户的购买能力和资信状况。销售向支付能力低、资信状况差的客户营销产品，就会蒙受损失。当然，对资信状况好的客户，也可以实行赊销、分期付款等方式。

购买决策权（authority）。向权力先生营销，这是营销成功的简单法则。那么在企业中，谁有购买决策权呢？许多单位的采购工作，购买决策权都是掌握在采购部门的主管人员手中，但也并非完全如此。例如，有位销售到一所学校营销工会证夹、学生证夹和毕业纪念册，他找到总务科，但总务科没有购买决策权，这三种产品的购买决策权掌握在工会、学生科及教务科负责人手中。所以，销售在营销过程中，必须了解用户的组织机构状况，掌握用户内部各部门主管人员之间的相对权限，从而把精力集中在最有购买权力的当事人身上，才能有效地进行产品营销。

购买需要（need）。就是看客户是否需要你所营销的产品，客户是否有购买欲？我能否唤起客户的购买欲望？例如，某模具公司研制成功一种新产品，销售向大中型企业营销，但收效甚微。在挫折面前，他们进行了市场调查，发现对该产品感兴趣的并不是大中型企业，而是乡镇企业。于是，销售重新选择乡镇企业为营销对象，结果取得了很大的成功。这个例子说明，需要是营销成功的关键，如果你的产品对客户无用处，销售无论如何努力都是徒劳无功的。

需要强调的是，客户的需求分为显性需求和潜在需求。在消费者的整个需求中，潜在需求占70%~80%。因此，在营销工作中，销售要善于创造需求，努力唤起客户心灵深处的需求欲望。营销工作的实质也就是探求需要和创造需要。例如，某工厂的一位销售到农村集镇营销书包，一位农村妇女卖了鸡蛋后来到他的摊位前，销售通过和她聊天知道她有两个儿子在上重点中学，于是对她说道："你挺有福气的，两个儿子将来考上大学，你这辈子就享清福了。"这位农妇一听，便高兴起来。这时，销售话题一转："要是他们知道你用卖鸡蛋的钱给他们买书包供他们上学，他们不知道该怎样孝敬你才好呢！"结果这位农村妇女果真买了两个书包。这位销售的成功之处就在于他刺激了客户的需求欲望，创造了需求。

经过上述一系列评定和审查，最后排除各种不合格的客户，再经筛选，确定一份潜在客户名单，以备正式营销访问时之用。

11. 4W1H法明确准客户

拜访前作好充分准备的第一项内容是明确客户，用4W1H法对客户进行画像，即明确客户是谁（who），自己该做什么（what），什么时间（when），什么地点（where），能卖多少、如何去卖（how）。

例如，企业培训公司的准客户一般是有实力的企业和企业的人力资源部、教育处。他们比较重视员工的继续教育和培训，一般是在工作时间进行购买。这时，销售就要根据这类客户的特点，按照4W1H法则去为他们提供相应的服务。

对准客户进行过滤，首先应明确准客户区域分布在哪里，行业分布在哪里，准客户的年龄、文化、收入水平或企业规模、效益状况、经营模式如何；接受信息的常用方式是传真、E-mail，还是传统的信件方式等；此外还应该清楚他们信赖什么信息资源，他们经常去哪里，最关心的是什么，与什么人参加什么样的活动，他们的价值观等各方面的信息。只有把准客户了解清楚了，销售工作才能更加灵活、多样。

◨ 建立个性化的客户档案

1. 客户档案如何体现个性化

在拜访客户之前需要把所有的客户档案翻阅一下。翻阅客户档案的时候，一定要建立一种个性化的客户档案。所谓"个性化的客户档案"就是档案中含有客户比较有个性的信息，比如客户喜欢的东西、客户喜欢的口味等，而不是通用的信息，像企业的性质、年销售收入等。比如，某销售的一位客户特别喜欢吃螃蟹，所以销售经常请他吃螃蟹，客户吃得愉快就非常容易答应签订协议，销售的工作就开展得很顺利。

一位管理学专家为某企业做公关，策划客户联谊会。专家翻开该企业的客户档案，吃惊地发现没有任何个性化的信息，因此不得不重新发了一份客户资料问卷调查。问卷收集上来之后，发现其中有40位经销商喜欢看球赛和踢足球。于是专家针对经销商的这一爱好策划了一场特别的客户联谊活动。

他给企业的经销商们发出了这样一封邀请函：

"非常感谢你对我们公司长期以来的关怀和支持，定于×月×日晚上12点准时在市郊区的宾馆召开一个令你终生难忘的联谊会（不允许带家属）。"

经销商看到这个饶有悬念的邀请函以后，都积极前去参加。正在经销商们用完晚餐猜想下一项目时，大屏幕打出如下字样："凌晨两点钟准时转播世界杯足球赛的决赛。"

因为球赛在深夜转播，在家里看球赛必然会受到家人和邻居的约束，所以这些球迷经销商听到转播球赛的消息都欣喜若狂。球赛看得极其尽兴，经销商的联谊会举办得非常成功。

因此，客户档案的建立一定要个性化，没有个性化的客户档案毫无价值。

2. 如何全面收集客户档案

销售对潜在客户的评定和审查，对潜在客户各方面资料的掌握，都是通过哪些途径收集到所需资料的呢？有些销售认为，要获得这些资料非常困难，但事实并非如此。只要销售足够勤奋，就可以通过多种途径收集到这些资料。

(1) 收集潜在客户资料的途径。

目前，我国企业销售收集潜在客户资料的途径主要有以下两个：

一是个人观察。销售应该成为优秀的侦察员，要善于从蛛丝马迹中找出各种有用的线索，然后进行判断、推论、整理，得出有关潜在客户真实面目的完整印象。一位优秀的销售应当有敏锐的观察能力，比如一走进客户的办公室，就要从办公桌的位置、办公桌上各种东西的摆放、办公室的布置、谈话的语气等方面，了解到客户的各种信息，特别是在销售与客户谈话时，更能收集到销售所需要的丰富信息。

二是调查。包括从其他销售、客户单位的其他工作人员、客户的朋友、客户的业务关系户等处收集所需材料。例如，日本著名的汽车销售奥城良治经常通过各企业董事长的汽车司机及其他有关人员收集到潜在客户各方面的资料。

（2）全面收集客户档案的具体方法。

①从认识的人当中发觉。

②通过生意往来、行业协会等发现。

③从产品周期中寻找，考察产品生命周期初期有哪些客户，产品生命周期的最后阶段有哪些客户。

④从客户名录或者同质产品市场中去寻找。

⑤从报纸、资讯当中去寻找。

⑥通过产品服务和技术支持人员来收集客户档案。

⑦与一米距离的人交流。所谓"与一米距离的人交流"是指：顶尖销售一个与生俱来的重要特点是，只要与某个人的距离在一米之内，无论是在前后还是左右，就将对方作为交流的对象。顶尖销售员应该善于不失时机地向别人营销自己。通过交流，建立客户关系网，即使对方最后不能成为自己的客户，也可以将其作为自己的人脉资源，或许将来能够相互合作，为自己的现实客户提供某些方便，实现优势互补。

例如，某营销专家在乘飞机时结识了协和医院的一位著名大夫，后来这位营销专家的一位客户来北京看病，而那位大夫正好是治疗这种病的专家，于是，营销专家打电话将自己的客户介绍给这位大夫，不费吹灰之力,就把客户关系维系得非常牢固。这就是擅用一米距离交流原则带来的收益。

销售在了解到谁是潜在客户后,就要收集这些潜在客户的有关资料,比如学历、经历、爱好、志趣、年龄、家庭状况等。收集这些资料的目的是为在营销谈话中说服客户打下基础。销售不可能只对客户说你的产品经久耐用、质量优良、价格便宜,就可以打动客户,还必须摸准客户的心理。一方面,通过了解客户的兴趣、爱好,可以寻找到能够创造良好洽谈气氛的合适话题,从而迅速缩短客户与销售的心理与感情距离;另一方面,了解客户的性格和心理特征,可以增强说服的针对性和说服力。

在营销工作中,优秀的销售会善于收集客户的资料,他们把大部分营销活动变成自己的"家庭作业",然后信心百倍地去敲开客户的大门。日本经济社以616名销售为对象,就营销活动时间分配所做的调查表明,销售每天活动时间为9小时30分钟,其中收集潜在客户资料等准备时间为1小时49分钟,占到19%。在美国,一般销售平均每天工作时间为9小时22分钟,其中会议及有关事物性工作时间占20%,作业休息及与此相关时间占5%,面谈时间占41%,而收集客户资料等接近客户所花费的时间高达34%。美国销售人员的工作效率比日本人高很多,因为只有掌握详尽的潜在客户资料,才可以使销售在营销中占据主动地位。

3. 分类收集,形成习惯

我们可以把潜在客户分为两类:个体潜在客户和团体潜在客户。不同的客户类别,收集资料的侧重点也不同。

(1) 个体潜在客户资料的收集。

个体潜在客户应收集的资料包括以下内容:

①姓名。没有名叫"客户"的人,销售第一次和客户见面就能准确地叫出客户的姓名,会使客户产生一种一见如故的亲切感。中国人历

来对自己的姓名有一种荣誉感，俗话说，"大丈夫行不更名，坐不改姓"。人们对自己的姓名都比较敏感，所以销售在称呼或书写时，务必小心，如果在这方面犯错，可能要付出很大的代价。

②籍贯。中国人的乡土观念很深，因此，在商谈中，利用老乡关系攀亲交友，是许多销售的成功之道。

③学历和经历。事先了解客户的学历和经历，可以确定一个谈话的主题，从而营造一种有利的谈话气氛。例如，某位销售了解到他的一位客户和自己一样曾在部队当过话务员，于是就聊起了收发报的话题，双方谈得津津有味，最后在愉悦的气氛中达成了交易。

④家庭背景。了解客户的家庭背景及成员情况，可以寻找到与客户交谈的共同话题。一位销售了解到客户的独生子喜欢集邮，于是在与客户见面时就送上了一些邮票，迅速博得了客户的好感。

⑤性格癖好。对客户的性格有所了解便于采取策略。例如，某销售了解到他的一位客户好为人师，因此，就经常前去请教如何处理工作和生活中的问题，前后交谈了50多次之后，做成了一笔20多万元的生意。因此，有的客户有特殊癖好，销售不宜说长道短，即使明知那位客户具有某种不好的怪癖，也不应直接冒犯。另外，销售还要掌握客户的业余兴趣是什么，从而方便找到许多使对方感兴趣的话题。西方销售一般都注意发现客户的业余爱好，常常以"同好"的身份而不是以销售的身份来营销商品。

(2) 团体潜在客户资料的收集。

①经营情况。了解企业的生产、技术、销售情况，了解企业产品质量、价格、生产量及工艺，使用的机械设备，耗用的原材料数量，季节性变化等方面的情况。

②采购惯例。包括采购的方法、时间、原料供应厂商关系远近、满意程度以及采购的可能性等。

③其他。包括企业名称、性质、规模及企业内部人事关系等。

收集团体潜在客户的资料十分重要。据调查表明，美国绝大多数销售对于自己的最佳团体客户的情况了如指掌，包括门卫接待人员的姓名、公司食堂里最可口的美酒佳肴等。上海某塑料厂的销售利用走访用户的机会，不但将用户历年来的需求量及供货渠道摸得一清二楚，而且将具体经办人的脾气爱好记录在册。这些资料帮助他们与客户增进了感情，从而建立了一批稳定的客户队伍。

销售不仅要收集资料，而且要做到系统化、制度化，乔·吉拉德把这称为建立客户档案。他说："在建立自己的卡片档案时，你要记下有关客户和潜在客户的所有资料。他们的子女、嗜好、学历、职务、成就、旅行过的地方、年龄、文化背景及其他任何与他们有关的事情，这些都是有用的营销情报，所有这些资料都可以帮助你接近客户，使你能够有效地跟客户讨论问题，谈论他们感兴趣的话题。有了这些资料，你就会知道他们喜欢什么，不喜欢什么，你可以让他们高谈阔论，兴高采烈，手舞足蹈，……只要你有办法使客户心情舒畅，他们也不会让你大失所望。"

◎ 开发目标市场

销售应该根据自身和市场的特点，立足于符合自己的个性、教育背景、工作经历等的专门市场，拥有属于自己的客户源和消费层面。也就是说，销售应该清楚自身的特点和自己适合销售的产品类型。

某企业雇佣了一大批大学应届毕业生向家庭主妇营销奶粉。由于这些刚毕业的学生年龄层次不适合营销奶粉，所以不能在营销过程中为年轻的母亲们提供有价值的育儿建议，因此，这些大学生的营销对客户来说没有很强的说服力，也就难以产生很好的业绩。

意识到问题所在之后，该企业又招聘了一些三四十岁的下岗中年妇女来营销婴儿奶粉。这些销售本身都已为人母，有丰富的育儿经验，于是她们营销奶粉的时候，现身说法，为年轻的母亲们提供了丰富的育儿建议，取得了客户的信赖，其销售业绩自然稳步提升。

所以，顶尖销售除了个人的努力外，还需要选择适合自己年龄层次、教育背景、生活经历的专门市场来做。做自己最适合做的目标市场，才会产生好的销售业绩。

思考题：

1. 你所销售的产品细分市场是什么？你最适合销售什么？你现在在销售什么产品？
2. 适合你的目标市场是什么？你现在的目标市场是什么？两者之间有哪些差距？

◇ 组建客户关系网络

1. 何谓"客户关系网"

客户关系网络就是把一群人联系起来，以达到相互帮助的目的，使每个人尽可能迅速而有效地达到资源共享、商业互补、联合互利。功能健全的客户关系网络能够为成员带来很多好处。比如，有更多的机会接近产品和服务，便于结识新人，增加为别人服务的机会，获得最新的资讯和知识，获得他人的支持和协作，互相帮助实现目标，给工作增加更多的乐趣，帮助自己研讨、学习和进步，等等。

2. 建立客户关系网的准备工作

（1）构建自己的"车轮辐"。

每位顶尖销售都应学会构建自己的"车轮辐"，也就是自己的网络中心。"车轮辐"的中间是"我"，代表销售自己；最靠近"我"的一圈是自己的亲属，一般而言，每个人大约有200名亲属，但是任何一个合格的销售都应该有几千名客户,所以亲属只占整个客户群的很小比例;第二圈是同学和朋友层;第三圈是亲属的同学层;接下来是朋友的亲属及同学、亲属的同学的亲属等,这样算下来,每一位销售都应该有几千名客户。所以,要把一个客户网络建立起来,"车轮辐"的观念是非常重要的。

(2) 筛选客户。

客户网络中存在"销售的漏斗",客户经过筛选最终漏下的就是销售的准客户,而这些准客户再继续筛选就有可能是自己的现实客户。一般来说,销售漏斗就是在所有的客户群体当中慢慢筛选而最终找到属于自己的忠实客户。

3. 如何构建客户关系网

销售构建自己的客户关系网络需要做到以下几点:

第一,做一个成功者的模仿者,结交更多的良师益友;

第二,加入一些社会组织,比如工商联、行业协会等;

第三,担当起帮助他人的重要角色。

◆ 发挥关系网络的效用

与客户的关系网络一定要经常维护,否则这个关系网络就会慢慢交散,最终坏掉。维护与客户的关系网可以按照以下的方法来做:

1. 保持联络,适当传递有价值的信息

可以用电脑或手机记住客户的重要日子,如生日、纪念日等,届时寄出一张贺卡或者在电台为他点播一首歌曲,客户就会非常感动。这样有利于拉近销售与客户的关系,最终使客户成为自己的忠诚客户。

例如,某销售的一位客户患有白内障,他就把报纸上有关治疗白内障的消息都剪下来,同时写上祝福的话寄给客户,后来该客户成了销售的忘年交。所以,销售真挚的关怀能够深深打动客户,使其从心底接受

销售所在企业和产品。

2. 路过顺便见面、一起用餐或者电话问候

顶尖销售应该养成一个习惯：每到一个城市，就打开自己的电脑，把电脑里存有的众多客户关系浏览一遍，然后通过电话或者 E-mail 对当地的客户进行问候，保持联系以便更有效地拉近与客户的关系。

需要注意的是，电话问候时间不宜过长，邮件也力求简洁，给人轻松愉快的感觉，只要保持联络即可。

3. 主动帮助别人

当销售有可以帮助客户的机会，或者客户需要帮忙的时候，一定要热情主动地尽力帮助他们，这种真挚的关怀与关注可以缩短销售与客户之间的距离。

4. 跟进工作

当一次交易完成后，及时的跟进也是必不可少的，因为这不仅是工作的一种延续，也是情感的一种延展。

5. 网络评估

随着时代的发展，互联网的媒介作用也不可忽视。互联网为维系与客户的关系提供了极大的方便。网络评估的目的是把网络变成生活的一部分。

◇ 明确各项准备工作

销售在拜访客户之前，需要进行各项准备工作，这样可以有效地消除销售拜访客户时的恐惧，尤其是对于营销新人更是如此。恐惧来源于对对方的一无所知和不可控制，如无从把握，其结果必然导致销售失败，如何摆脱恐惧是营销新手和老手的永恒问题。正如一个人可能对面前所能看见的事并不感到恐惧，而恐惧身后不可知的区域内防不胜防的突然状况的发生。

知己知彼，方能百战不殆。销售在拜访客户之前需要做的准备工作主要包括以下几个方面：

1. 物质准备

销售拜访客户之前，首先应做好客户资料收集的工作。而客户又分为几种类型，不同类型的客户需要收集的资料也不尽相同。

(1) **个人客户**：经济状况、健康状况、家庭状况、工作状况、社交状况、爱好、文化程度、个人追求、目标理想、独特个性等。

(2) **企业客户**：企业决策人、企业经办人、企业所在的行业、企业的产品架构、企业的效益状况、企业员工状况、企业未来规划、企业各种问题的解决状况等。

客户的资料收集完毕之后，还要对客户的资料进行归纳、分析、判断等。

2. 心态方面的准备

销售在与客户交往的时候要兴奋起来，保持嘴部的微笑曲线，关键是要在内心真正地愉悦起来，以愉悦的心态来感染客户。销售的心态准备主要包括以下几个方面：

(1) 开心金库。

拜访客户之前，闭上眼睛，把自己从小到大最美妙的东西回忆一遍，睁开眼睛，脸上就会展现美妙的笑容。千万不要在拜访客户之前回忆起自己曾经经历过的不幸的事情，否则会越想越难过，见客户时的情绪也必定不好。

(2) 预演未来。

成功销售的过程预演十分必要。见客户之前可以想象一下，与一位客户初次见面应该怎样自我介绍和自我营销，遭到客户拒绝或反对时，应该如何应对扭转局面，最后满载而归。

(3) 生理带动心理。

心理学家认为：生理可以带动心理，动作能够把心态带动起来，比如，伸展手臂等舒展的动作使人感到很舒服，而沮丧的动作会使人感到精神萎靡。所以销售应该掌握一些能够产生积极心态的动作。比如握拳、深呼吸，能够使全身放松，然后对自己进行成功暗示："我一定能成功"，这样做之后脸上自然就会出现灿烂的笑容。

某职业培训师每次站在讲台上时，都是充满激情地进行演讲，但其精彩演讲的背后也有鲜为人知的紧张时刻，他每次演讲之前必须去卫生间，自己做一做面部和肢体上的准备，看到他自我调适和准备时咬牙切齿的样子的人都感到十分惊讶。对此，他解释说："这叫做心态准备，以生理带动心理。"同样，作为销售也应该首先调整好自己的心态，见到客户的时候才容易取得成功。

3. 销售资料的准备

销售资料的准备一般包括公司简介、产品简介、书本、合同、名片、样品等。

除此之外，还有两件东西非常重要，也是常常被中国销售忘记携带的两种东西：其一是关于销售个人的资料证明，比如到全国各地旅游的照片、与名人的合影、个人获奖证书、毕业证书等；其二是老客户对该产品的证明，最好是带公章的，因为别人的夸奖往往比自夸效用更大。

国外顶尖销售见到客户以后往往首先向客户介绍的不是公司的产品，而是首先把家庭照片拿出来，介绍自己的家人，甚至把自己小时候的照片都拿给客户看，把隐私的东西呈现在客户面前便于拉近自己与客户的距离；或者把自己与名人的合影以及能够证明自己阅历、资历的资料呈现给客户，比如，与美国总统的合影，参加世界著名男高音歌唱家帕瓦罗蒂的演唱会并与其拥抱的照片，哈佛大学的毕业证书等，有了这些资历的证明,能够获得客户更多的认可和信赖。

所以,销售首先要与客户建立一种信任关系,而建立这种信任关系需要一定的载体,这个载体就是关于个人的各种证明。

---------- 测试题 ----------

你是否具有客户观念

一个销售所犯的最大错误,莫过于未给予老客户应有的关怀!由于销售每天的例行事务很多,还要不断地克服新的问题及压力,很容易犯下忽略老客户的错误。我们常常犯的一个自以为是的错误是,认为一个已与我们做了一年、两年或五年生意的客户,会毫无问题地继续与我们进行交易,却忽略了一个事实,就是竞争对手同样也在非常努力地使用许多新的方法及策略来企图说服我们的客户。

你是否时时以客户为重,或者由于你的例行工作而削弱了你的敏感度,使你忽略了老客户的重要性?检测以下的问题,看看你能否给出正确的答案。

1. 你是否同意这种说法,就是对待自己的客户应该像对待自己的顶头上司一样? 是□ 否□

2. 你是否在心中时刻牢记:无论一个客户如何忠诚,世上仍然没有永久、连续性的订单,没有百分之百地保证不变的事? 是□ 否□

3. 你是否提供给客户他们应该得到的关怀? 是□ 否□

4. 你是否经常运用自己的想象力,想出一些新的方法来改善你为客户提供的各种服务? 是□ 否□

5. 你是否警觉到一个事实,就是你不能够在与客户的一场口舌之辩中获得胜利? 是□ 否□

6. 也许客户会有一些错误的观念,但是,你是否完全信服"天底下没有一个愚笨的客户"之观点? 是□ 否□

7. 你是否认为，客户没有任何义务要和你继续做生意，但是，你却有义务使客户永远感到满意？　　　　　　　是□　否□

8. 你是否愿意为客户提供属于自己职责以外的特别服务？
　　　　　　　　　　　　　　　　　　　　　　是□　否□

9. 小客户如果经营成功，在未来往往会变成大客户，你是否把所有的客户都当成非常重要的客户看待？　　　是□　否□

10. 如果客户对产品或服务产生过抱怨，你是否会追踪、确定这个客户对你或你公司所提供的解决方案感到满意？　是□　否□

11. 当你的客户遇到问题的时候，他们是否会请求你帮助？
　　　　　　　　　　　　　　　　　　　　　　是□　否□

12. 你是否经常向客户提供能够节省他们的时间和金钱的建议？
　　　　　　　　　　　　　　　　　　　　　　是□　否□

解析：

1. 许多男士在追求异性的时候，总是非常殷勤，以求获得青睐。但是，婚后态度就有所差别，不像往日那么"甜蜜"。许多销售也有这种倾向，他们对待准客户很殷勤，尽量博取好感，提供热情服务。但是，一旦准客户变成客户，时间一久，销售就会对之掉以轻心，不像当初那么热忱，许多老客户由于受到冷落转而购买其他公司的产品。因此，一个销售应该时时提醒自己，是不是一直战战兢兢地对待客户，就像对待自己的顶头上司一样。

2. 恋人们的海誓山盟都经常发生突变，更何况客户的订单。销售对老客户的忽视，正是因为他们认为老客户的订单绝对逃不掉；殊不知获得一个新客户非常困难，失掉一个老客户却十分容易。所以无论多么忠实的客户，你都要记住："没有一个永久、持续性的订单是百分之百的确定，你必须付出努力及关心才能够确保订单。"

3. 老客户与新客户一样都需要你的时间及努力经营，你必须经常检讨是否给予客户适当的关怀。切记,"新人虽言好,未若旧人姝"。

4. 客户对你提供的例行服务,可能会感到厌倦或丧失兴趣。因此,你必须经常运用自己的经验及想象力,设计出一些新的方法来改善你对客户的服务,使客户总是有新鲜感,这样才能够不断地满足客户的需要并加强客户对你的依赖。

5. 一个成功的销售永远都应该记住:"如果赢得口舌之辩,却失掉一个客户或一份订单,那么,在这场争论中,销售仍旧是输家。"因为一个销售的最大目标就是赢得生意,而不是获得口舌上的痛快。所以,一个成功的销售应该是稳重、体贴、有礼,而不是冲动、意气用事。

6. 许多销售自视清高,往往自认为比别人聪明,甚至把客户当成傻瓜看待,而不能诚心诚意地对待客户,这是非常危险的。因为客户对于某些产品,也许没有你的专业知识丰富,甚至对于某项知识或技术存在错误的观念,但是客户绝对不是傻瓜。如果你把客户当成傻瓜,而自以为聪明的话,最后变成傻瓜的必是你自己。

7. 许多销售都有一种观念,认为老客户应该会与自己继续保持生意上的往来,这也正是许多销售忽视老客户的主要原因。但是,实际上没有一位老客户有义务和你继续保持生意上的关系,除非你能够满足他们的需要。反过来说,倒是你——身为一个销售有义务让客户获得满足,这样才能够永远保持现有的客户;否则你一方面不断地开发新客户,另一方面又不断地失去老客户,那么,你每天必是忙得焦头烂额而事倍功半。

8. 许多公司对于销售的责任规定得很清楚,因此,许多销售对于分外的工作都不甚热衷,对于客户提出的问题或要求常常回答"这不属于我的责任",结果招致客户的不满。一个销售必须知道,他最重要的责任就是满足客户的需要,而没有所谓分内分外的工作之分。因此,一个销售在任何时候都必须全力以赴,以满足客户的要求。

9. 许多销售对于小客户,往往掉以轻心或表现冷漠,甚至在言语态度上表示自己尚有许多大客户而不把这些小客户放在眼里，引起小客户心中的不满。固然，销售对于时间的分配，绝对应该按照客户大小而有所区别，但是客户就是客户，绝对不能够对小客户表示冷漠或歧视，尤其对于具有潜力的小客户更须表示重视。所有的大公司，哪一个不是由小公司逐渐扩充发展而成的呢？假如你能够在其规模尚小时就维系好关系，提供满意的产品及服务，将来扩展成为大公司时，必定会成为你的忠实客户。因此，即使你视客户的规模大小而在时间的分配上有所调整，但是态度上还是要把他们一律视为重要的客户对待。

10. 当客户对你的产品或服务发生抱怨时，千万不要设法逃避或是想尽各种理由搪塞，应该积极想出解决的方法来满足客户的要求，并且更需要经常加以追踪，以真实了解客户是否对你提供的解决方案感觉满意。如果你对客户的抱怨处理不当，往往会促使老客户变成竞争者的新客户；如果你能够恰当地处理抱怨问题，那么这个客户会因此感动而为你宣传，替你招徕更多的新客户。

11. 许多销售当客户发生问题而向他们寻求帮助时，常常感到厌烦，认为客户无聊或故意找麻烦，须知客户向你寻求帮助，是表示重视你，你应该欣然地担负起顾问的角色，竭尽所能地提供协助。当客户十分倚重你时，就表示你已经赢得对方的尊敬，继而这个客户必可成为忠实可靠的客户。如果你的建议或服务不能够让客户满意，那么，你很可能会失去这个客户。所以，当你的客户发生问题，不再向你寻求帮助或建议，而设法自己解决或向别人要求协助时，就是这个客户向你说拜拜的时候了。

12. 任何客户最重视的不外是节省他的时间或金钱，因此，你想要满足客户的需要，就不妨从时间及金钱两点着手。任何能够使客户节省金钱和时间的方法，你都应该不遗余力地提供给客户。如果能够做到这一点，那么你对客户的服务态度距离理想的境地，可谓"虽不中，亦不远矣"！

思考题：

1. 我的主要客户来源有哪些？

2. 我的目标市场是什么？最适合我卖东西的市场是哪一块？

3. 我将如何组建客户关系网络呢？

4. 我将怎么做才能充分发挥客户关系的作用呢？网络的真正作用怎么去发挥？

5. 我们的准备工作经常忽视什么呢？

Top Sales

第三章

顶尖销售这样见客户

约访：用好电话这块敲门砖

目标设定完成之后，就要与客户进行电话约访。电话约访有一套专门的话术，叫做"太极行销"。

◇ 电话约访好处多

销售与客户进行电话约访对于提高工作效率是很有意义的。

第一，如果客户不在，进行电话约访就可以节约浪费在拜访路上的时间。

第二，避免与客户工作发生冲突，遭致他们的反感。比如客户正在和他的领导谈话，或者正在做重要的工作，销售突然过去营销，客户就会心生反感。如果客户是开夫妻店的个体户，而正当夫妻吵架的时候销售出现，那么同样会引起反感。所以，电话约访的重要意义在于，避免在客户不愉快时进行营销。

第三，冒昧前往营销是不礼貌的，也是对客户的不尊重。在客户没有准备的情况下，销售贸然营销，会使客户感觉不到安全感。

第四，让客户有一点心理准备，并且产生一种时间上的期待。

第五，电话约访可以实现提前沟通。

由此可见，销售有必要在拜访客户前进行电话约访。

◇ 电话约访前的准备

电话约访的准备工作有以下几种：

第一，打电话的时候一定要浑身放松并保持微笑，微笑时声音自然会很甜美。如果面无表情地给客户打电话，虽然客户无法看到，但是能够感觉到此销售的冷漠。

第二，拿好电话名单，写好电话号码，准备好纸和笔。很多销售打电话时不准备好纸和笔，打电话的过程中再急忙去寻找，让客户等待，这样会使客户感觉到此销售做事毫无条理，而且准备不够充分，进而引起客户的反感。

第三，电话约访的台词应该练习熟练，措辞流畅而有条理，能够使客户感觉到此销售的营销工作做得非常专业，而且值得信赖。

第四，对客户的拒绝应该礼貌对待，并且能够灵活处理，这也需要平时不断地练习。

电话约访时的要领

电话约访要掌握一定的要领。

第一，首先要争取面谈，因为面谈会达到更好的效果。

第二，自我介绍应该简单明了。

第三，在开场白中说明见面的理由时，应该尽量传递给客户可以实现的利益的信息。比如："您好，是某经理吗？最近我们公司推出了一个新的项目，这个项目能让您的管理工作产生转机……"这就叫好奇开场白，让客户感觉到浑身热起来，然后再去拜访。

第四，用二择一法要求见面，即给出两个见面时间让其选择一个，从而达成约见的目的。

第五，对拒绝的处理应该进退自如。

电话约访遭拒该怎么办

1. 客户拒绝的理由

销售在电话约访的时候，经常会遭到客户的拒绝，拒绝的理由主要有：第一，没有时间；第二，不需要你们的产品；第三，一直有老客户给我们提供这个产品;第四,对你们不了解;第五,想研究研究再决定要不要购买;第六,请先把资料传真过来,看看再决定是否购买;第七,需要的时候再打电话给你,你就不要过来了。面对这些拒绝的理由,销售应该掌握一套销售的话术,以便从容应对。

2. 应对客户拒绝的话术

针对"没有时间"的理由,不应该一味地纠缠客户,也不能对客户说"我也很忙",应该首先认同,然后进行赞美:"我也知道你很忙,有很多业务需要处理,正因为您很忙,所以我才提前和您预约。"接下来给客户一种好奇的开场白并用二择一的方式争取与客户约定见面的机会:"尽管您很忙,但是我们公司的这个项目对您非常重要,它可以改变你们公司的管理现状,使你们公司的发展上一个新的台阶。您看一周以后,是上午还是下午方便呢?"总结起来,针对"没有时间"的拒绝理由主要有四个应对技巧:认同、赞美、转移、二择一的选择。这就是用程序对此问题进行的分解。

如果销售在电话约访中,客户要求其传真资料,并以此拒绝见面和搪塞,销售不能以传真信息传递不清晰或者以传真机坏了等作为理由拒绝传真,应该首先认同,然后赞美:"好的,您的传真号码是多少?我马上就给您传真,传真是一种快捷的生活方式,我可以感觉到你们公司的效率能有多高,因为您让我发传真,就说明您是一个职业的经理人。"赞美之后是转移,"是这样的,王老板,我把最重要的资料先传真给您,您先看一看,但是您未必能看得很清楚,我明天上午正好去贵公司附近办事,您有不明白的内容,我明天上午去拜访您的时候,再给您解释,您看好吗?明天上午是8点钟还是9点钟我们见面对您来说比较方便呢?"

如果客户拒绝的理由是:"我们已有老关系提供,不需要新客户。"销售首先依然是认同:"当然,可以看出贵公司的管理很好,像你们这样的大公司肯定有很多的供应商,但是我们公司这个项目和其他公司还有一点差别，可能特别适合你们企业的情况。任何企业都要有创新，都要开拓一个新的空间，也许我公司的这个新项目，可以使你们公司开拓新的发展空间，对你们会有非常大的帮助。我后天正好去你们公司附近办其他的事，我能顺便拜访您吗？你看是后天上午还是下午您更方便呢？"

以上话术将客户的拒绝巧妙地推回，因此叫做"太极营销"。"太极营销"就是首先认同对方的拒绝，认同之后赞美，赞许之后转移并以反问推过去。此种话术可以用公式表示："认同＋赞美＋转移＋反问"。

值得注意的是"二择一"法的巧妙运用。"二择一"法是从永和豆浆的故事而来，也就是提供给对方两种选择，使其选择其中一个，但是所提供的两个选项都是按照自己的意志而定的。

王永和是台湾著名企业家王永庆的兄弟，他开了一家豆浆店叫做"永和豆浆"。起初永和豆浆店只卖豆浆，后来也开始卖鸡蛋。一开始，他几乎都是这样问客人："请问先生，你豆浆里面要不要鸡蛋呢？"结果只有20%的客人要，所以鸡蛋的销售量并不高。后来王永和想了一个办法，换了一种问法问客户："先生，你打一个鸡蛋，还是打两个鸡蛋？"结果，20%的人说打两个鸡蛋，80%的人说打一个鸡蛋，鸡蛋的销售量很快提高了。

◇ 把客户约出来

1. 约见的意义

约见，或称商业约会，是指销售事先征得客户同意接见的行动过程。作为接近的前奏，约见本身就是接近的开始。

约见客户，有助于销售成功地接近客户。事实证明，有许多商品没有销售出去,并不是没有客户,也不是客户不需要、不想买,而是因为无法接近客户。销售经常抱怨说:"我明白说完'早晨好'之后该干什么,不过,我根本就没有机会说一声'早晨好'!"一位销售经理发现,其手下的销售总是花大量的时间在接待室等候而不是用来与客户交谈,半数以上的营销访问没有进入面谈阶段。还有一位销售,两年内26次拜访某位客户,却从未能见上一面。不能接近客户,你就无法说服客户。因此,事先约见客户,求得客户的惠允,就可以节省时间,提高效率。

若客户坚持拒绝接见,则必有原因,销售应查明原因,绝不可强行求见。若客户很忙,一时无法接见,销售应体谅客户,约定改日再见;若客户借口推托,销售则应说明情况,取得客户的合作,争取营销机会。

2. 约见时应注意的问题

(1) **销售应该尽量设法直接约见购买决策人及其他对购买决策有重大影响的重要人物,即所谓"适当的人"**。避免在无权或无关的人员身上浪费时间。要向"权力先生"营销,不要向不适当的人营销,这是销售应恪守的基本信条之一。

(2) **争取有关接待人员的合作和支持**。许多具有决策权的要人,往往把约见之类的"日常性事务"全权委托给秘书及其他有关接待人员负责处理。因此,销售应该尊重有关接待人员,设法取得他们的合作和支持,绝不可怠慢他们。

取得接待人员合作和支持的一个基本技巧是:要迎合接待人员的虚荣心,使他们感到自己的权威不在于对来客耍耍威风,为难销售,而在于使销售顺利地约见其上司。

成功的销售非常重视取得接待人员的合作和支持,他们为了方便约见,首先不忘给秘书小姐送上一束美丽的鲜花,有的销售则送给门卫及其他有关人员礼品、小费,甚至不惜重金收买。事成之后,销售还要酬谢给予合作的人员。

3. 约见的理由

（1）**正式的营销**。营销访问的主要目的是直接向客户营销产品，在约见客户时，销售应该设法引起对方对产品的注意和兴趣，着重说明所营销产品的特性和用途。

（2）**市场调查**。销售以市场调查为访问事由约见客户，比较容易为对方所接受。

（3）**提供服务**。利用提供服务作为访问理由来约见客户，往往比较受客户的欢迎，这既可以完成营销任务，又可以树立销售的商业信誉，扩大影响，为今后的营销工作开辟道路。

（4）**签订合同**。有些营销行动在经过反复谈判达成初步协议之后，还要签订正式的供销合同。销售可以利用签订合同为访问理由，当面约定下次会谈。

（5）**收取货款**。收取货款是营销工作的一个重要环节，销售也可以此为理由来约见客户。

（6）**走访用户**。销售以走访用户征求意见为由约见客户。

在国外，许多销售常常寻找各种借口作为访问理由，把商业约会变成私人约会。例如，有些销售借口"请教问题"约见客户，有些销售借口"看看你"约见客户，有些销售借口"送样品"约见客户，如此等等。

4. 约见的方法

（1）**面约**。销售和客户当面约定访问事宜，然而，既为面约，就要有面约的机会，如果没有这样的机会，面约就无法开展。

（2）**函约**。销售利用信函约见客户。函约有利于销售通过信函这一不可侵犯的工具接近客户，因而可以约见难以约见的客户。由于约见信函是经销售慎重斟酌的，因而约见语言比较准确，不会轻易出错。但此法也有局限性，若客户不合作，信函则如泥牛入海。

（3）**电约**。销售利用各种电讯工具，如电传、电话约见客户。它的优点是速度快、灵活方便，且能引起客户的重视。其缺点是费用比较高，且受电讯工具的限制，使用不当，也会招致客户的冷遇甚至拒绝。

（4）**托约**。销售委托人约见客户。转约人一般都是与客户本人有一定社会联系或社会交往的人，尤其以与访问对象关系密切的人员或对其有较大影响力的人士最合适。

（5）**广约**。销售通过广告约见客户的方法。在约见对象不明确或太多的情况下，销售可利用各种传播媒介进行广告约见。比如，在报纸上刊登一则约见启事。广告约见，可作为一种应急手段及时约见客户。其覆盖面广，效率高，但针对性差。在约见对象少的情况下，会增加约见的平均费用。如果媒介选择不当，将会造成一定的经济损失。

思考题：

1. 销售与客户见面的充分理由是什么？
2. 如何编写电话约访的台词？
3. 如何处理电话约访的拒绝问题？

开场：张嘴就让客户信任自己

◇ 给客户良好的第一印象

很多顶尖销售的经验表明，80%的购买行为是受人的情绪影响而决定的，也就是因为信任销售，而不是由公司产品的价格所决定的。比如，老客户会反复地购买自己信任的销售所推销的产品就是此理。所以，第一印象就是要让客户建立最初的信任，没有对销售人员的信任，就没有营销。

一般来讲，5分钟内留给客户的第一印象已在80%的程度上决定了销售是否能够成功。所以销售与客户首次见面时，一定要在尽可能短的时间内给客户留下良好的第一印象。这种良好印象可以概括为以下几种：第一是首晕印象，销售的个人魅力能瞬间征服客户，使其很快地信任自己；第二是晕轮效应，销售穿名牌服装能显示档次，这叫做晕轮效应；第三是一见钟情，给客户舒服整洁大方的印象；第四是爱屋及乌，因喜欢销售这个人进而喜欢他手里的产品。

销售切忌给客户留下不好的第一印象，比如，做事刻板的印象、人品不佳的印象等。第一印象的主观看法虽然往往带有偏见、不客观，但这是人认识事物过程中难以避免的，所以销售的第一印象十分重要。

创造良好的第一印象，第一服饰要得体，第二举止要高雅，第三资料要精美，第四开场要精彩。

◈ 开场的9种方式

销售开场白的作用是说明造访的原因，同时解释这次会面对客户有何效应。好的开场白应该使销售自己的期望与客户的期望衔接起来，能够显示自己办事很有条理、干净利索，同时显示自己善用客户的时间等。好的开场白应该气氛和谐，而且有一个非常好的主题，让客户觉得这个拜访主题对自己有帮助。

一般来讲，开场方式有9种，此9种开场的方式可以任意选用。

1. 赞美对方

赞美对方需要掌握一定的技巧。

第一，赞美别人既要赞美到位，不打折扣，又要注意赞美具体细节。比如赞美一个女孩："小姐，你长得好漂亮。"就不如赞美得更具体些显得真挚："小姐，你的眼神真的令我终身难忘。"赞美别人缺点当中的优点，也会令对方很愉快。赞美还要避免有争议性的话题。另外，赞美别人要善于见缝插针，保持轻松自然，不能过于局限和死板。同时切记，只赞美不建议。比如，不能这样说："张先生，你长得真帅，不过你的鼻子应该再高一点。"赞美别人时，首先要把自己的心情处理好，这一点也非常重要。

每个人都喜欢被恭维。所以，要想讨好一个人，最直接的办法就是恭维。如果恭维不起作用，那是因为没恭维到对方受作的地方，恭维到位的话，一定能够达到目的。

某学校的校长刚刚上任就对大家说："我最讨厌别人恭维我，俗话说就是'拍马屁'，我是务实的，任何人拍马屁都不会得到好的结果。"于是大家就不敢恭维讨好他了。学校有一位王主任，平时很善于给领导"拍马屁"，在一次会议上他发言说："同志们，我工作已经快30多年了，30多年工作当中我服务过6任校长，在这6任校长当中，没有哪一任校长，不喜欢拍马屁的，而我们刚上任的这位校长，不喜欢拍马屁，我感觉到十分佩服，我一定要跟这个校长配合好。"王主任的发言非常有技巧，这种有的放矢的恭维让不喜欢被拍马屁的校长十分高兴。

表面上说不喜欢被拍马屁，但是被别人恭维讨好时，还是会感觉非常舒服，这就是人性的一大弱点。因此，尽量赞美别人，是处理好各种人际关系的一个好手段。

第二，赞美的过程中注意向对方请教，这是对其尊重的表现。

第三，赞美别人要善于寻找赞美点，观察众多的事情中，哪些比较值得赞美，并且能够使对方产生愉悦。

第四，赞美别人时不可过于修饰，要用心赞美，用发自肺腑的语言去赞美别人，才能让对方体会到赞美的真诚，从而创造愉悦的气氛。

开场白时，命由相改，相由心生，镜面映现，这就是反射定律。也就是销售对客户如何，客户就会对销售如何，这又叫做同理心，所以销售应该学会照顾客户的感受。

思考题：

请针对以下情况进行赞美：
1. 赞美离婚不久的人。
2. 赞美事事倒霉的人。
3. 赞美工作业绩下降的人。

2. 推荐自我

推荐自我就是把自己最得意的、最擅长的事说给对方听。只有成功地把自己营销出去，才有可能把产品营销成功。

3. 引发对方的好奇心

例如，一个钢化玻璃杯厂的销售为了向客户展示自己的产品如何结实，就把杯子摔在地上，结果杯子未被摔坏，于是很多人前来购买。这就是引起客户好奇心的营销方式。

4. 通过演示，吸引对方的注意力

通过生动的表演或者实际体验，把自己产品的特性展现出来，以此来吸引客户的注意力，达到让客户信服的效果。

某化妆品的销售走到一位小姐面前，对她说："小姐你长得非常漂亮，你平时用什么牌子的化妆品？"

小姐说："我用××化妆品。"

销售说："化妆品恐怕抹上会不透气，让皮肤呼吸不到新鲜的氧气，长期使用，皮肤会逐渐老化。"

对方非常吃惊地问："难道皮肤也会呼吸吗？"

于是，卖化妆品的销售做了这样一个实验：在一张白布上涂上一层

自己卖的化妆品，然后点上一支香烟，放在下面，结果烟可以透过这层布，以此表明自己的化妆品可以透气，也就是抹到脸上以后，皮肤可以呼吸到新鲜的氧气；而用另外一种化妆品做同样的试验，烟向上飘，飘到布的地方就从四周散开去了，说明透不过去。

销售说："这块布就像你的皮肤，烟就是新鲜的氧气，因为抹了这样的化妆品，新鲜的氧气透不进皮肤里，所以，你的内皮细胞呼吸不到氧气，长此以往，肯定对你的皮肤不好。"

这个营销过程就叫表演展示。

5. 引证事典、语典，增强自己的说服力

经典的案例、经典的语言本身已经经历过无数次考验，具有很强的说服力。如果销售能够把这些经典的东西为我所用，那么就会极大地提升营销的说服力。

6. 惊异地叙述

同样的事情，用不同的方式描述出来，达到的效果也会不同。所以，销售在叙述时一定要讲究技巧，设置悬念，抓住客户的心。

7. 向客户发问

在人们沟通的过程中，发问的方式最容易引起对方的注意，而且能够得到比较明确的答复，销售在开场时采用发问的方式，不但可以直接引起客户的关注，还可以通过连续发问很自然地引导他们了解自己的产品。

8. 提供服务

提供服务本身对客户有利，所以一般不会遭到客户的拒绝，更有利于自己开展营销工作。比如客户的电脑有问题，就先为客户解决电脑的问题，然后再转入正题。

9. 做顾问式营销

顾问式营销是为客户提出改进的意见，而不是生硬地营销自己的产品，在提出有益建议的基础上再做进一步营销，可以更加自然顺利。

◆ 初次访问时应注意的事项

1. 自我介绍

双方见面的第一句寒暄通常是"早安"或"你好"。当客户来到自己的面前，必须以谦虚的态度、开朗而有分寸地做自我介绍。如果态度恶劣，对方必定会拒绝与你交谈，或不肯为你传达信息。

对方初次与你见面，难免会存有戒心。这时，你应以柔和的表情展现微笑，表示敬意和热情。

做自我介绍的目的，在于解开对方"这个人是谁，来做什么"的疑问。因此必须以清晰的声音、柔和的语调赶紧道出公司名称和自己的姓名，以及所为何事的"目的"，同时送上名片。比如，"抱歉！打扰一下。我是 M 公司的 A。（这时送上名片）关于事，能不能给我 5 分钟的时间……"

2. 确认对方

如果与你交谈的人没有购买决定权，或对有决定权者不具影响力，你向他详细说明等于白费口舌。当你首次进入一家公司或陌生的家庭时，一般并不知道何人具有决定权。因此，你必须首先清楚面对的是什么人，接着再确认具有决定权者是谁。比如可以用以下几种方式：

"您是老板吗？"（小商店里）

"您是董事长吧？"

"您是主管吗？"（大商店或办公室里）

"请问关于×××的事情，是不是找业务处长？（确认决定权）麻烦你替我传达一下。"（在服务台）

3. 营销自己

你必须靠第一印象或最初 5 分钟的面谈，判断对方是否可能坦诚相待。如果你明显地表露出营销产品的姿态，就极易吃闭门羹。所以，你必须给予对方亲和感与良好的印象，同时让对方感觉出你是个对他有利无害的人。此外，你还要努力提升自己的人格魅力，多充实一点知识，以便在短短的 5 分钟之内更好地向对方展现自己。最实际的做法是，多建议一些对对方有利的事情，因为，你要营销的是对方的利益。

4. 送上名片的方法

名片可放于名片夹或衬衫口袋里。如果左手提着公文包，便以右手的拇指和食指夹着名片的左上端，朝对方能清晰地看到姓名的方向送上。这时，右臂应稍微弯曲。大部分人都会接受名片，但万一未被对方接受时，就可一边说："请多指教！"一边伸直手臂把名片递上。在这种情况下，对方大多会接受。所以，如果能够使用双手，最好是以双手奉上。

女性销售应由手提包中拿出名片。接受对方的名片时，必须双手接住，同时微微鞠躬道谢。

如果对方名字太生僻，应该当场请教："抱歉！请问这该怎么念？"但不必过于谦虚地说自己头脑不好、才疏学浅等。

5. 坐下的位置

做随机访问时，大多是在家庭、商店的铺面以及办公室外的入口处等地交谈。但若遇见一位具有决定权或影响力的人，而且对方愿意与你继续交谈时，应一边取出说明书，一边说："打扰一下。"接着找个可坐的地方，选择接近对方的位置坐下。注意，不可坐在对方的正前方，必须坐在左斜方或左侧。如果可以明显分出上、下座时，销售应坐在下座。以上是根据心理空间管理的理论而定。

所谓的心理空间管理，包括：

理性空间——面对面或在正前方时，会在本能上摆出对立架势。

情感空间——在斜侧方或侧面时，由于双方无法相互正视，因此容易协调。

恐惧空间——超越自己视野范围的背后空间。

神秘空间——头顶上方的空间。

当你被前台服务人员请进会客室，或被带到主管办公桌附近的沙发椅旁时，基于礼貌，在对方还没说"请坐"以前，绝不可自行坐下。坐下后，也不可跷起二郎腿或两手靠着椅背。

6. 介绍访问

如果客户好意打来电话，想将你介绍给潜在客户时，你应该先打听出那位潜在客户方便的时间，然后再依照这段时间做访问。

接到电话后，尽量在一星期以内去访问对方。见到对方本人时，可以自我介绍说："我是××介绍的。"并递上自己的名片，说明来访目的。

7. 公文包的放置

销售随身携带的公文包不能随便乱放，尤其不应放置在地板上，而应放在自己的腿上。同时，不要使用过于寒酸的公文包。

8. 接受对方款待时

在访问客户的过程中，如果客户端上茶或咖啡时，销售应及时说声："谢谢！"此外，除非对方劝烟，否则不可吸烟。

测试题

初次印象测试

销售的初次印象极为重要，如果第一次见面结果不理想，就再也没有第二次机会可以弥补初次见面所留下的不良印象了。

你可借助以下问题来测试自己是否容易被接受，是否能给人留下深刻的印象。请在"是"栏或"否"栏内打勾。

1. 你是否经常面带微笑? 是□ 否□
2. 你是否时常将边幅修饰干净、整齐? 是□ 否□
3. 与对方握手时,你是否坚实有力,不像条死鱼般松软无力?
 是□ 否□
4. 你的姿势是否正确,挺直站立,抬头挺胸? 是□ 否□
5. 当你与对方说话时,是否正视对方的眼睛? 是□ 否□
6. 与对方说话时,你是否口齿清晰、发音正确? 是□ 否□
7. 你是否尊敬长者,不管是走路、站立或开门都让他们先行?
 是□ 否□
8. 当你站立时,是否能安静地站着而不摆弄双脚? 是□ 否□
9. 你是否两臂自然垂放,而不去触摸头发和脸? 是□ 否□
10. 你是否没有显示出紧张的动作,如嚼东西、咬指甲、清喉咙或挠头等? 是□ 否□
11. 你是否经常集中注意力听取他人的谈话? 是□ 否□
12. 你对他人是否感兴趣? 是□ 否□
13. 你是否有些爱好和兴趣? 是□ 否□
14. 你是否能够正确地使用语言,而不夹带太多的俚语或不雅的文字? 是□ 否□
15. 你是否经常说"请"和"谢谢"? 是□ 否□

计算与分析:

回答"是"2分,"否"0分。如果你的分数是:

26~30分:你给人留下很好的印象,也使人愿意认识你。

12~24分:你像大部分的人,并不是完全的模范。有些人会在第一次与你见面时,尝试将你刷下,所以你必须注意在他们面前改善自己的言行。只要对以上回答的那些问题加以修饰,必然会帮助你达到成功。

0~10分：你在未开始前，就已被人否定了，人们也竭力地放弃你。但你可以借着良好的态度和自信，主动学习一些重要的技巧，你还是可以成功的。

试探：找到客户的需求点

◇ 客户的需求就是客户的穴道

1. 鉴别客户的利益

首先，销售要明白什么是客户的利益。

(1) 客户利益的两个方面。

销售提供给客户的利益包括两个方面：一是让客户得到好处。通常可能是指感觉良好、赚取更多的钱、节省时间、提高效率等，它代表着一种获得，是客户能更多地拥有或更好利用的东西。二是让客户减少或避免损失。利益也可能是解决问题的方案。它可以使客户摆脱困境或使客户避免在正在做的事务中发生损失。对决策的研究表明，让客户减少一些看得见的损失比向他承诺更大的获得更具有说服力。比如，向一位有婴儿的母亲营销加湿器，与其说加湿器有益于婴儿身体健康，倒不如说使用加湿器可以保持空气湿润、防止感冒等传染疾病发生，更容易打动母亲的心。

(2) 客户利益的多角度分类。

从性质上讲，利益可分为直接利益和延伸利益。

直接利益就是产品直接带给客户的利益。客户在享用这些利益后所产生的新的利益，即是延伸利益。美国营销专家吉姆·史耐佳把延伸利益看成是客户所能见到的你的产品的最终积极效果。因此，销售不仅要向客户介绍产品的直接利益，更要发挥你的想象力，向客户介绍产品的延伸利益。比如，"电子炉灶只用3分钟就可以炒一个菜"如此说法足以吸引人，而用"电子炉灶可延长夫人的睡眠时间，保持女性美"则更具说服力。

与利益相反，在适当的时候向客户说明"直接损失和延伸损失"，也是打动客户的好方法。所谓直接损失和延伸损失就是客户若不使用你的产品所产生的直接损失和间接损失。需要注意的是，当你向客户谈利益时，要多使用"您"、"您的"等词，如"您将节省……"等，尽你最大的努力，以私人感情打动客户。当你向客户谈及损失时，尽量以第三人称交谈，以最大程度降低他的防御，如"当一个公司使用二手部件时……"。

从范围上讲，利益可分为产品利益、企业利益和差别利益。

产品利益。即由产品产生的利益。如一位化纤地毯销售向客户介绍："我厂地毯是圈绒地毯，回弹性能好，可使你踩上去感觉更舒适；地毯背面涂有防水胶，可以防潮、防腐蚀、防虫蛀，延长地毯寿命，使你长期享受我厂地毯带给你的舒适和温馨。"

产品利益又可分为三类：一般利益，即各类产品都具有的利益；特殊利益，即本产品的独特之处给客户带来的利益，别的产品无法与其相比；意中利益，即产品能够提供客户所期望的利益。比如，有的客户对产品有特殊的要求，而营销的产品恰恰能够提供给客户所期望的利益。在营销中，具有较强竞争优势的不是"一般利益"而是"特殊利益"和"意中利益"。销售要特别强调这一点。

企业利益。即客户从提供该产品的企业所获取的利益。无论何时，当客户购买了一种产品，他就同供货者建立了联系。很显然，客户需要对供货者有信心，要考虑对方企业的声誉、形象、条件、实力、交通便利条件、人员素质、长远利益等。因此，销售要强调企业利益。比如，前些年因基建规模压缩，轴承滞销，一些轴承厂便相继送礼，而哈尔滨轴承厂销售处长则是把用户请来，对他们说："现在市场形势多变，大家眼光要看远一些，哪家用户同我们实力雄厚的哈尔滨轴承厂签订长期订货合同，特别是订货在 50 万元以上的，要我们厂什么短线产品，我厂一定满足。"这样一来，大用户又被吸引了过来。

差别利益。即本企业向客户提供竞争对手所没有的利益，诸如专利产品、独到的服务、独有的便利条件、独特的资源及加工方法等。比如一位销售对客户说："我们拥有这种清洁加工方法的专利，这就是说，你们能够得到最佳的服务。"

2. 营销产品利益

一位经理在培训销售时提问："你们向客户营销什么？"一些销售答道："营销产品。"然而这位经理却摇了摇头。为什么说销售不应向客户营销产品呢？不营销产品，那应向客户营销什么呢？

当无声打字机问世后，销售纷纷到各公司去营销，但效果不佳。尽管客户相信无声打字机良好的性能，但用户们表示要等现有的打字机不能用了再购买无声打字机。如果你认为，我营销的就是打字机，那么你只能等到用户现有的打字机坏了之后才能把无声打字机营销出去，也许到那时，你的工厂早已关门大吉了。那么，销售如何才能使客户抛弃尚能使用的打字机来购买你的无声打字机呢？对这一问题，你只有明白了被营销专家称之为"营销的最大秘诀"之后才能回答，这一营销的最大秘诀就是："销售营销的不是产品，而是产品带给客户的利益——即产品能够满足客户什么样的需要"。

营销就是客户购买，而客户是为满足自己的需求而购买。调查发现，人们往往花费 90%～95% 的时间考虑自己的需要，一个人在弄清楚"我能从这件产品中得到什么好处"之前，他是决不会下决心购买这件产品的。你需要明确的是，是产品所蕴含的功能、利益而不是产品满足了客户的需要。正如美国著名营销专家齐格·齐格拉所说："不论你销售的是什么产品，客户所购买的是你的产品为他们带来的好处。"

销售要获得成功必须铭记这样一句名言："他们不是要1/4英寸的钻头，他们是要1/4英寸的孔。你的产品会造成的结果，正是驱使客户购买行动的动力。"正如一位化妆品公司的经理所说："我们公司制造的是化妆品，出售的却是客户要求美容的希望。"

客户购买的不是产品，而是产品带给客户的利益，因此销售必须向客户营销利益。比如，销售不是卖衣服，而是卖"外表、流行、吸引力、设计、风度、潇洒、时髦"；销售不是卖家具，而是卖"舒适、整洁、欢乐的家庭生活"；销售不是卖工具、机械，而是卖"产量、效率、质量、利润"；销售不是卖地毯，而是卖"舒适、温馨、高贵、地位象征"。相对而言，客户也不是买胶卷，甚至不是买相片——他买的是"回忆、幸福的记忆、捕捉珍贵的一瞬间并永远拥有它的能力"；客户不是买机油——他买的是"机械保护、更长的机械寿命、更少的维修"；客户不是买戏票——他买的是"娱乐、哲学、享受，是逃避现实，是能够忘记外部世界两三个小时"。

如前所说，销售向客户营销无声打字机。在客户现有打字机尚能使用的情况下，就不应当向客户营销打字机这一机器本身，而应当营销"无声"这一特点能给客户带来什么利益。比如秘书通常和公司领导在一起办公，打字声可能干扰领导人的谈话和思考，有电话时还要让打字机暂停。把这些道理讲给用户听，无声打字机的市场自然就打开了。

在当今的销售环境中，如果你不能很快地说出产品给客户带来怎样的利益，你就再也没有机会了。因为你的竞争对手会这样做，你的潜在客户将会离你而去。在营销的全过程中，每一个动作、每一种做法、每一项策略、每一套技术都应当是为了突出商品所实现的利益而设计和实施的。

每一位销售都要考虑一下自己的具体营销工作：你在每天的营销业务活动中是否真正运用了"营销利益"这一原则？你是如何向潜在客户描述产品的？在营销过程中，你主要靠什么去吸引客户？你是如何向客户介绍新产品的？你是如何向客户描述产品质量的？你面向客户的开场白是哪些话？在业务洽谈中你主要是谈论产品，还是主要谈论客户的某个问题？

国外的调查结果表明，每8个销售中，只有一个销售掌握了营销产品利益这一原则，这也值得我国的销售对自己的营销行为进行反省。

3. 如何了解客户需求

要点中客户"穴道"，目的是确定对方的需求，通过连环发问的方式，挖掘客户到底需求什么。寻找需求是一件很困难的事情，调查显示，90%的人认为销售中最困难的是寻找、发现客户的需求，所以现在的营销要以客户为中心，以需求为导向，一定要调查清楚客户的需求。解决问题首先应该发现问题。客户的需求点，恰恰是客户的穴道，只有找到客户需求点，才能以此为突破口，将产品卖给客户。

某公司的一位销售向一饲料公司营销饲料添加剂，并承诺给对方很高的回扣。但是，这位销售被赶了出来，这是因为他没有抓住对方的需求，该公司向来主张严惩收受回扣的行为。

第二个销售很聪明，去之前先进行了一次调查，发现该公司的李经理离婚比较早，而且自己抚养一个孩子。于是，他抓住该公司经理生活比较寂寞的特点，展开了一系列营销战术：一吃二喝三奉送，四吹五捧六攀亲，七拉八打九殷勤，但是结果仍然以失败告终。

最后，营销顾问张博士亲自出马，他很善于与对方沟通："您现在跟我年纪差不多，您什么需要都没有了，而我还需要很多……"李经理说："张博士，我也有需要，我恨不得把我那个孩子掐死。自己忙于搞企业，忽视了对孩子的教育，结果孩子18岁高中毕业以后，没有考上大学，就在当地打架斗殴，已经三进三出公安局了。"张博士马上敏感地发现李经理的需要是教育孩子，然后就找李经理的孩子谈心，以自己的特长获得孩子的尊敬，并安排他到某大学法学院读书。李经理觉得欠张博士很大的人情,于是决定以后自己公司所有的添加剂全都用张博士所服务的公司生产的添加剂。

一位电器设备的销售与一位家电商场经理洽谈时,强调了产品的性能稳定可靠、产品构造复杂精密,并列举出了产品突出的6个特点。这些都得到了这位经理的同意,但他却并未决定购买。这位销售缘何失败?原因很简单,尽管客户都追求利益,但不同的客户追求不同的利益。在营销时,销售必须反问自己,哪种利益对这位特定客户最具有意义?销售应当考虑客户的真正需求,提供对方最迫切需要的利益,正如一位哲学家所说:"如能投其所好,您就掌握住他了。"

(1) 不同类型的客户对利益的考虑是不一样的。

如工业用户、中间商和个人购买者对产品利益都各有自己的要求。具体如表3-1所示:

表3-1 针对不同类型客户的营销

客户类型	关心重点	应营销的利益
工业用户	节约费用,增加收益	节约原材料、降低物耗及制造费用,提高产量、质量、效率,增加收益
中间商	重视销售及利润,不重视产品使用价值	丰厚的利润,周到的服务,广泛的潜在市场等
个人购买者	重视产品的使用价值	使用寿命、方便、安全、卫生、便宜、服务等

由此可见,上例中的电器销售失败的原因就在于没有考虑到中间商对利益的考虑与个人使用者是不同的。对中间商不要说"您应该多购一些产品",而要强调"您充分把握这一机会,能获得更大的利润"。

比如一位化纤地毯销售在向宾馆和旅馆营销时,应强调,铺设地毯可以提高宾馆档次，招徕更多客户，增强竞争力，提高宿费标准，增加利润；向中间商营销时，应介绍，随着装饰热的兴起，地毯的市场空间会越来越大，经销地毯是大有前途的，而且本厂产品很受市场欢迎，提供的服务也很周到，因此利润将非常可观；在向个人使用者营销时，则应强调，铺设地毯可以给你带来舒适、温馨、快乐的家庭生活氛围，地毯使用寿命长、便宜等。

（2）不同购买心理的人对同一产品的利益要求也大相径庭。

一位哲学家说过，一个人的蜜糖是另一个人的毒药。就销售而言，对某个客户有益的，说不定对另一位客户是有害的。比如，销售衬衫的销售若对一个讲实惠的客户谈衬衫设计新颖、式样流行；而对一个追求时髦的客户谈衬衫结实耐穿，无疑是乱弹琴。因此，销售要洞悉购买产品的每一位客户的需求心理和动机。只要你能摸准客户的心理，其实是条条大道通罗马。

一位汽车销售从16个方面向客户做了全面、详细的产品介绍，而另一位汽车销售则只从客户最关心的安全、操作方便和豪华三个方面做了详细介绍，结果后者打动了客户。一个产品所包含的利益是多方面的，销售在介绍利益时，不能面面俱到，应抓住客户最感兴趣、最关心之处做重点介绍。

与其对一个产品的全部特点进行冗长的讨论，倒不如把介绍的重点集中到客户最关心的问题上。这是一个基本的营销原则。

突出重点，即要强调营销要点。所谓营销要点，正如日本营销专家中村卯一郎所说："营销的要点，就是把商品的用法，以及在设计、性能、质量、价格中最能激发客户购买欲望的部分，用简短的话直截了当地表达出来。"销售营销的产品尽管形形色色、各不相同，但营销的要点不外乎以下几个方面：

- 适合：是否适合对方的需要；
- 通融：是否也可用于其他的目的；

- 耐久：是否能长期使用；
- 安全：是否具有某种潜在的危险；
- 舒适：是否会给人们带来愉快的感觉；
- 简便：是否可以很快地掌握它的使用方法，而不需要反复钻研说明书；
- 流行：是否是新产品而不是过时货；
- 效用：是否能够给客户带来利益；
- 美观：外观是否美观；
- 便宜：价格是否合理，是否可以为对方所接受。

销售如何了解客户最感兴趣的是什么呢？其方法之一就是三步提问法。销售通过提问三个基本问题，直接涉及买主兴趣的核心。

第一个问题是，在同类产品中，你对哪些方面特别感兴趣？这是针对厂家的购买动机提问。一般情况下，客户都会对你讲实话。如果买主说他寻找质量好的产品，那么，你可以接着做进一步探求。

第二个问题是，你所说的质量是指什么？你要使潜在客户明确说明他所说的质量意味着什么，是指使用寿命、安全卫生、易于维修，还是使用方便、产品水平？不同的客户对"质量"的理解是不同的，如果你对不同的客户做同样的介绍，那么对他们来说是无益的，因为他们没有听到自己最关心的有关"质量"的特征和优点。一旦你得到了买主关于他们最重要的动机的解释，就可以继续提问了。

第三个问题是，为什么你把它列在首位呢？这样，你可以得到一个更加详细的回答。比如，客户说"最近那部汽车的变速器、水箱给我带来了不少麻烦"，那么当你描述你的产品特点时，就可以直率地加上"不同于您现在的汽车，它的变速器和水箱尤其出色，可以使您免除大量的麻烦"。

4. 客户需求的种类

确定需求是一门学问。所谓的需求并不是表面的需要，而是现状与理想的差距。客户的需求可以分为三种：

第一种需求是无意识的潜在需求。比如一个人在海岛上卖鞋，但是这个海岛上的人从来都不穿鞋，大家都觉得光着脚非常舒服，这就叫做无意识的潜在需求。

第二种需求是有意识的潜在需求。比如，虽然感觉到不穿鞋非常好，但是有时候觉得光着脚不舒服。

第三种需求叫显在的需求。知道自己不应该总光着脚，否则就会受到伤害，这就是显在的需求。

5. 如何对需求进行明确化

比如，光脚走路感觉非常好，属于无意识的潜在需求，那么如何使需求进一步明确化，发展成为有意识的潜在需求？应该这样问："您是否曾经踢到石头而伤到脚？"如果把客户的意识从潜在的发展成显在的，应该这样问："如果有种东西能够裹住您的脚，保护您的脚部，即使踢到石头也不会受伤，感觉如何？"这样，无意识的潜在需求，慢慢地就发展到有意识的显在需求，客户的真正需求终于被挖掘了出来。所以，市场营销归根到底就是引导消费者需求。

可以通过"头脑风暴"，来明确客户的需求：

第一，自己营销的产品能给客户解决什么问题？

第二，自己营销的产品能给客户带来哪些快乐？

第三，客户头脑中24小时都在思考的最希望达成的目标是什么？

第四，我们能帮助客户做些什么？

◆ 连环发问，把好客户需求脉搏

除了需求的发展观以外，还需要使用问句把握好客户需求脉搏。

第一种问句是开放式问句。所谓开放式问句，就是了解目前的状况及问题点，主要包括客户期望的目标、客户对其他竞争者的看法和客户的需求。

第二种是封闭式的询问。封闭式的询问目的是获取客户的确认，以及在客户确认点上发挥自己产品的优势。

第三种是诱导式问句。引导客户进入要谈的主题，缩小主题的范围，确定客户需求的优先顺序，这就是诱导式问句应该达到的目的。实际上，对方的回答都是销售所期望得到的答案。由此可见，连环发问的技巧非常重要。

连环发问的技巧是，首先预设2~3个目标靶，也就是抓住客户最关心的需求点，然后用三部曲，第一部曲要用开放式的问句引发客户谈话的兴趣，第二部曲是用封闭式问句缩小谈话的范围，第三部曲是用诱导式的询问巧妙引出自己希望让客户表达的想法，这是连环发问的三大技巧。

销售应该像医生一样连环发问，首先问病人的症状，然后检查、诊断，最后开出处方；另外，销售也要像记者一样准备尖锐的问题，像律师一样顺藤摸瓜，像侦探一样慢慢地去发现问题。

苏格拉底谈话法是先谈相同一致的，慢慢地过渡到不一致的问题，而连环发问在确定需求的过程中，一般是按顺序进行的。刚接触客户就问封闭性的问句是不合理的，首先要用开放性的问句来引起对方的兴趣，比如："王经理，您能告诉我您为什么能做得这么成功吗？"

思考题：

> 以某个准客户为例，假设其需求点，设计一套连环发问的问题，要求环环相扣，有逻辑性，最后击中需求点。

测试题

你的营销介绍是否富有弹性

一场令人厌烦的"营销介绍",其中主要的错误之一就是不具有弹性。当一位销售对于自己所说的话都感到厌烦时,不可避免地就会把这种情绪传染给正在听他介绍的准客户们。

一位非常成功的销售曾经说过:"我尽力使自己从不发表一篇与以前完全相同的营销介绍,我尽力想一些能够特别引起客户兴趣的事,经常删去客户不感兴趣的内容,尽力在我的营销介绍中加上一些新的东西,如果我不能够这样做的话,我就会很快把烦闷带给客户!"

为了测验你在营销介绍的时候是否具有弹性,我们特别为你设计了以下一些问题:

1. 你的营销介绍是否经过事先精心计划,使特定的客户能够对它产生特定的兴趣? 是□ 否□

2. 你是否删除某些准客户没有特别兴趣的内容? 是□ 否□

3. 你是否把谈话尽量精简,而且不遗漏任何要点? 是□ 否□

4. 你是否能在你与客户见面的头几分钟内就发觉客户的需要和欲望,而在接下去的营销介绍中能够回答或满足他的需要? 是□ 否□

5. 你是否经常能够注意到客户所在行业状况的改变,而同时也能改变你的营销介绍方式和内容? 是□ 否□

6. 你是否尝试在每次的营销访问中加一些不同的或是新鲜的内容?
是□ 否□

7. 当你感觉或认为客户准备购买的那一刹那,是否立刻就能要求客户下订单? 是□ 否□

8. 你是否对于营销简介中感到沉闷或缓慢的部分设法加速带过?
是□ 否□

9. 你是否经常练习创造出一种诚实的印象,使客户对你的稳重、

自信及友善感到信心十足? 是□ 否□

10. 你是否能够对一个困难的问题找出几种不同的解法,并从其中找出一个最有效的回答方法? 是□ 否□

答"是"的题目得 1 分,答"否"的题目得 0 分。如果你的总分低于 8 分,那么就表示你在营销介绍上需要加上更大的弹性。

解析:

1. 每个客户对于所感兴趣的问题必然不同。因此,如果千篇一律地发表你的营销介绍,固然能够吸引某些人,但另外一些人可能会感到厌烦,所以你必须在事前针对你的客户所从事的行业、个性以及其他特殊性来设计一个能够吸引他的介绍内容。只有这样做,成功的希望才比较大。

2. 纵使你准备了一些要讲的内容,但是如果发觉客户对某要点不感兴趣,你必须当机立断地删除这些要点,不要一味地非把自己所准备的讲完,以免弄巧成拙。

3. 由于现在工商界人士非常繁忙,所以你在发表营销介绍时不可啰唆,但是你在精简之余要囊括所有的要点,以免挂一漏万!

4. 当你会见客户之后要利用你敏锐的观察力,或设计一些问题,在头几分钟内就了解客户的需要及他想要的,在以后的简介中你就应该想办法来回答或满足他的需要,这样才能引起他的购买欲望及行动。

5. 目前的工商业一直在改变,否则不能应付日益剧烈的竞争,因此你必须清楚地了解到客户所在行业的改变,而你的营销介绍也必须根据变化了的情况不断地加以改进,以适应客户新的改变,否则你的营销知识及介绍就会落伍。

6. 不要老生常谈,总是那么一套营销介绍,这样的话会使你自己及客户都失去信心及兴趣。你要不断地求知、求新,在你的营销简介里面，加上一些新的内容，这对你来说固然是一项挑战，但也是使你自我更新、更上一层楼的好方法。

7. 当你感觉客户想要购买的那一刹那，你必须当机立断地要求客户给你订单。很多销售因为碍于情面或是没有经验，常常在客户发出购买信号的时候，不能立刻要求客户购买，致使良机错过，后悔莫及。因此，一个好的销售不必一定要把自己所准备的营销介绍全部说完，才提出订约提议，在任何时候，当你发觉客户有购买欲望时，就要停止一切的营销介绍。

8. 当你在做一个营销介绍的时候，如果发觉自己或是客户有一种厌倦或是缓慢感的时候，必须要对这一部分加速进行，以免让大家都失去兴趣而集中不起精神来。

9. 许多客户购买一种商品或服务的时候，并不是由于商品本身，而经常是由于销售的人格所决定的，也就是所谓的人格营销。因此，一个好的销售必须经常练习，塑造一个良好的形象，使客户感觉到你的诚实、稳定、自信及友善。

10. 任何产品都有其优缺点。对于缺点不可加以掩饰，只有想出好的解决方法来化解客户的质疑。你必须要想出几种不同的回答方式，经常加以运用，然后从其中找到一种最有效的方法，不要只用一种方法来回答客户！

展示：让客户喜欢你的商品

◇ 了解自己的商品

销售要把产品卖出去，就要了解客户的需求心理，刺激客户的需求欲望，引导客户做出购买决定，并且向客户提供服务。销售只有了解自己的产品,才能详细地向客户说明产品能带给客户什么利益、能满足客户哪些需要,产品的质量、功能在满足客户需要上能达到什么程度。只有充分了解自己的产品,才能圆满地回答客户提出的疑问,从而消除客户异议。只有充分了解自己的产品,才能详细地向客户介绍如何更好地使用、保管产品,以便使客户重复购买。

不了解产品,销售就不能通过阐述产品带给客户的利益来打动客户。如果对客户提出的疑问一无所知,客户定会对产品心存疑虑,从而构成购买障碍。所以,销售应当做到,了解产品性能的程度使内行人感到惊讶,了解产品用途的程度使客户感到惊讶。

据美国的一份调查显示,许多客户经常抱怨销售缺乏产品知识。一份报告指出,9/10 的客户感到对他们进行拜访的销售并不了解他们自己营销的产品。在我国,也有相当一部分销售对自己所营销的产品知之甚少,或一知半解。然而,对销售而言,知识就是实力,销售要掌握足够的产品知识。如表 3-2 所示:

表 3-2　营销员应掌握的产品知识

类别	说明
硬知识(制造方面的知识)	原材料、生产过程、质量、式样等
软知识(使用方面的知识)	商标的价值、适合什么人、适合什么场合等
相关知识	竞争商品、使用常识、使用者特点等
买卖条件	价格、服务、付款条件、方式等

1. 销售应掌握的产品知识

具体而言,销售应掌握的产品知识包括以下 10 个方面:

(1) 原材料、生产过程。

销售要了解营销产品用什么原料制造,这种原材料的特点及对客户的好处;与竞争产品相比,所用原材料具有何种优点;产品的生产工艺过程等。销售在介绍时尽量不用专业术语，而用通俗易懂的语言进行介绍，并使对方听起来觉得很有道理。

(2) 商品特征。

销售对产品的质量、性能、式样特色等要清楚了解。所营销的商品如果比同行好，就要特别重视好在哪里，并将其作为营销战的子弹；反之，也要特别认识到比同行差在什么地方，并事先研究出对策以应付用户就此所提出的疑问。

(3) 有关商品。

凡是本公司生产或经营的商品，即使不归你负责营销也应该知道。如果用户向你问起这方面的内容，不能一问三不知。

(4) 商品内容。

必须熟知你所营销的商品是怎样的一种商品，同时还必须了解与该商品有关的知识，对用户的每一种提问都能对答如流。以制造业为例，商品的规格、型号、构造成分、功能或效用、用途、修理方法或保存方法、使用手段或有效安全期限、注意事项等，都要记住。

(5) 使用方法及有关知识。

要熟练地掌握本人所营销商品的使用方法，并能恰如其分地指导用户使用。无论什么商品，都有说明书里未包括的细微的注意事项和使用要领。关于这方面的知识，作为一名专业销售必须知道并记住。销售还需要掌握更多与产品使用有直接关系的多种知识。比如：营销纺织品面料的销售应该了解当前的流行色，懂得所营销的面料适合什么样的时装，各种时装用料是多少，以及他们适合什么身材和肤色的客户穿着。又如：营销电子计算机的销售应该懂得适用不同组织系统的各种电子计算机的型号，知道电子计算机应该怎样安装，以及需要哪些辅助设备。此外，销售还应懂得一些计算机语言，能够编制一些简单的程序。并且根据用户的反映，掌握各类计算机常见的故障，以及简单的排除方法。

(6) 售后服务。

对于售后服务，企业都有一定的规定。企业售后服务规定的各种细节，销售都要熟记在胸，并且能够准确无误地向用户传达。因为，销售若不履行与用户事先签订的服务条件，就会遇到麻烦。

(7) 交货期、交货方式。

若合同到期交不了货，给用户造成麻烦，用户将会追究企业和销售的责任，尤其是当对方要求在短时间内供货，生产周期跟不上时，便会遇到这种情况。所以，销售平时应掌握库存、发货、生产周期等有关情况，不能签订明知到期不能交货的合同。

交货方式有直接从仓库交货、卡车运送、火车托运、航运和空运等。订货量的大小不同，其运送方式亦不同，要清楚各种不同送货方式所需要的费用。

(8) 价格。

要搞清楚企业规定的标准销售价及允许的浮动幅度，同时要清楚标准价格和降价的关系。如果企业有相关制度或规定，也要认真研究并灵活运用。比如，企业用提供附属商品（客户买一辆汽车搭上一个工具箱）、回扣等办法来吸引用户，维持销售价格，此时销售就要用足用好这一政策。

(9) 结算方式。

关于现金结算、汇票结算包括利息计算等方法都要很熟悉，其中的具体细节也要搞清楚。

(10) 研究同行竞争者的商品。

销售不仅面临着客户的挑战，而且面临着竞争对手的挑战。销售要透彻地研究对手的商品，其方法包括查阅本企业收集到的有关资料，听取上级及同事的意见，亲自观看竞争对手的商品，并和本企业的同类产品进行比较，找出其长处和短处。此外，销售不仅要研究竞争对手的商品本身，还要研究其售后服务、价格、结算方式、产品目录、说明书等,这样才能做到"知己知彼,百战不殆"。

2. 销售获取产品知识的途径

销售获取产品知识主要有 4 个途径。

(1) 接受集中正规培训。

通过集中培训,销售能比较全面地了解自己所营销的产品。IBM 公司规定:IBM 公司决不让一名未经全面培训的人到销售第一线去。IBM 公司的销售被录用后都要接受为期 12 个月的初步培训,其中计算机概念及公司的产品是主要的培训课程。

(2) 阅读有关资料。

有关营销知识的资料可分为三种:第一种是产品说明书;第二种是企业自己印发的产品销售手册,这种手册的内容非常齐全,包括产品的各种型号、功能、用途、操作方法、有关技术参数、产品的基本工作原理等,而且往往附有图表、照片,图文并茂;第三种是本行业的专门杂志。

(3) 参加有关会议。

比如,参加企业生产会议能够了解产品的生产状况、成本变化及原料供应等情况;参加新产品开发会议可以及时了解企业新产品发展状况,同时分析新产品上市对现有营销工作将会产生哪些影响;参加营销管理会议,则可以了解企业对送货、售后服务、让利等方面的政策规定和具体做法。

(4) 参加实习和练习拆装。

在我担任顾问的企业里,所有销售都有一条铁律,就是凡是刚刚参加工作的销售,必须到企业的生产岗位跟工人师傅实习三个月。在这三个月中,与工人同吃、同住、同劳动,一方面掌握产品知识,一方面增加与工人师傅和产品的感情,在销售过程中提高对产品的自信心!在实习结束时,还要进行产品拆装大赛,考验销售对产品知识的学习效果。

除上述 4 条途径外,销售还可以通过向客户征询意见、向专家请教等方式增长有关产品知识。

◈ 如何介绍自己的商品

1. 商品说明的时机

销售只有营销自己之后,才能开始做商品说明。其理由如表3-3所示:

表3-3 销售做商品说明时的理由

理由	客户心理
对销售有反感	认定销售是强迫营销的人、曾经被销售欺骗过或本身有错误的自大观念,根本不愿与销售交谈。
对你有反感	对你的第一印象恶劣,这是你的责任。
对产品制造商或经销公司有反感	曾购买那家厂商的产品而吃了亏、对广告方式和经营主管有意见,或服务于其他同业公司。

具有以上心理的客户比比皆是。为消除客户的反感,销售努力展示人品、个性等个人魅力是首要条件。当客户被你的魅力所吸引,不再对你产生反感时,才能仔细听你做商品说明。

2. 商品说明的要点

销售做商品说明时应该掌握一些说明要点,如表3-4所示:

表3-4 销售做商品说明的要点

要点内容	例子
先说明使用价值,再说明商品价值	快餐强调的是便宜、快速。
说明价值时,应多举具体实例	K公司最近加班的情形减少,节省了10万元的加班费。
以数字表示价值	这台复印机复印一张纸只花1秒钟。

(续)

要点内容	例子
诉诸于客户的五官	五官接收印象的比率分别为:视觉60%、听觉20%、触觉15%、嗅觉3%、味觉2%。
扼要说明商品的特征、优点和利益	这台电视机不但色彩鲜艳,并有蓝牙装置,现在买还省200元。

3. 示范、展示要点

销售为客户做示范或者展示商品时也应掌握一定的要点,如表3-5所示:

表3-5 销售员示范或展示商品的要点

原则	说明
展示商品时应小心谨慎	将商品视为贵重的东西,小心展示,自能提高商品价值。
勿错过展示的机会	当客户愿意看展示时,应及时展示。如果错过了这个时机,结果可能适得其反。
诉诸于客户的五官	指出商品的特征,并请客户抚摸感受,如果是机器就当场操作一下,但不可做太复杂的操作。
商品是主角,营销员只是配角	当客户很有兴趣地看着商品时,营销员必须在一旁保持沉默。
视客户的反应再决定如何说明	有些人只了解商品的优点之一,就已决定购买,因此没有必要对商品作全面介绍。

4. 邀请客户光临时

销售土地、住宅、店铺和机器设备时,有时会邀请客户到现场。销售做商品说明时,与前面的要点相同。另外,既然费了许多心思才将客户请来,就必须设法让客户愉快地回去,因此,事前的准备和接待事宜,应做得非常细致完善。

FABE 展示法

1. 标准化的展示产品法则和技巧

标准化的展示产品在国际上常用的方法是 FABE 展示法。所谓 F（feature），就是产品的特性；A（advantage）是指功效，即产品特性能给消费者带来哪些功效；B（benefit）是给客户带来的利益；E（evidence）是证明，即如何证明以上的说明，包括技术报告、客户来信、某篇报刊文章、一幅照片、示范等。FABE 展示法用公式表示为：特色＋功效＋利益＋证明。即首先分析产品的特色，同时指出该特色代表什么功效，功效代表什么利益，利益用哪些东西证明。

因此，所谓的展示说明，就是针对客户的需求和问题，提出正确的解决方案。同时，适时展示老客户的证言和证据资料，熟练按照说明公式进行说明。

展示产品的时候，一般不要和客户争辩，要尽量感性化，位置和体态也要适当，并且让客户一起参与。产品说明大致包括：尝试、导入、交易、促成。要把握说明的时机，同时导入要自然，还要了解客户的购买模式以及导入促成的话术。

国外销售使用 FABE 说明术的方法很值得借鉴。销售在找出客户最感兴趣的各种特征后，分析这一特征所产生的优点，找出这一优点能够带给客户的利益，最后提出证据，证实该产品确实能给客户带来这些利益。比如，销售了解到客户对产品的质量、方便程度、服务、原料、外型、价格最感兴趣，这时销售可采用表 3-6 进行分析：

表3-6 FABE分析表

F 特征（按客户兴趣大小排列）	A 优点	B 利益	E 证据
质量			
方便程度			
服务			
原料			
外形			
价格			

某洗衣机厂销售向农村地区营销该厂产品。该销售了解到这种洗衣机有三个特点：材料是不锈钢板、三桶、红色。于是就可以按照FABE方法进行如下（见表3-7）分析：

表3-7 某洗衣机厂销售员的FABE分析表

F	A	B	E
不锈钢板制成	永不生锈	放心使用,不必担心磕磕碰碰掉漆生锈,并且耐腐蚀,延长了使用寿命	技术报告
三桶	大件衣服用大桶洗,小件衣服用小桶洗	很方便,省事,节约洗衣粉,易清洗,节省时间	你来看看（示范）
红色	农民喜欢的颜色	带给你家喜庆的气氛,使你家显得富贵、吉祥	客户来信

某钢木家具厂生产的钢质座椅，具有三个特征：使用钢质材料制成；椅面和扶手铺有丝绒、椅面内衬海绵；烤漆颜色有多种。于是，该

厂的销售用 FABE 方法分析如下（见表 3-8）：

表 3-8 某钢木家具厂销售员的 FABE 分析表

F	A	B	E
钢质材料	钢质材料，经久耐用	经济：长期使用，极为节省	技术报告
椅面和扶手铺有丝绒，椅面内衬海绵	柔软	舒适：坐着舒适，久坐不累	你来看看
烤漆颜色有多种	颜色多种，任君选择	美观：可按家具颜色自由配色	客户来信

2. FABE 展示法实例

(1) 用 FABE 展示法卖一辆汽车的营销技巧。

该汽车的特点是：第一，经过真空表面涂膜处理；第二，装有电脑速度警告钟；第三，采取气垫式避震装置。

以上功效能给客户带来的利益是：第一，经过真空表面涂膜处理，可以保持座车干净、光亮如新，保证舒适驾车并且节省汽车打蜡的开支；第二，装有速度警告钟，可以控制驾车速度在限速以内，不必为车速而担心，不会因为车速太快而违章；第三，采取气垫式的避震装置，可以使行车平稳，长途驾车不致疲劳，而且减少零件损坏的修理费用。

很多成功人士如著名的电影导演张艺谋先生买的就是这样的汽车，这就是对该汽车带给客户利益最有力的证明。

(2) 用 FABE 的公式可以说明任何产品的营销。

比如，××润喉糖含有青果、罗汉果和薄荷脑等，能够产生的功效是，使嗓子保持湿润，而且圆扣形状便于携带。客户只要服用，就可以一直保持嗓子润滑、湿润，进而保持咽喉健康。王老师就经常随身携带它，嗓子不舒服时吃一颗，效果很好。这就是 FABE 展示法。

◘ 要把产品特征展示转化为客户利益展示

1. 只介绍产品特征是大忌

比如,一位打字机销售向客户介绍商品说:"这种机器采用电动控制装置,打字按键异常轻巧,能够自动换行跳位,是最新产品,名牌商品,誉满全球。"又如,一位电热毯销售向客户介绍说:"这种电热毯是自动控温的,有两个开关,它宽1.5米,长2米,重3斤,用50%的羊毛、25%的棉和25%的化纤组成,可以水洗。"这类销售向客户介绍的都是产品的材料、质量、特性、它的内部结构、外部特征以及产品是怎样制成的,总之,他们告诉客户的是,其所营销的是一个什么样的产品,却恰恰没有告诉客户,这是一个能够给客户带来什么利益和好处的产品。可以毫不客气地说,这类销售不是在对牛弹琴,而是牛在弹琴。

因此,销售应在向客户介绍产品有何特征的基础上,进一步指出这些特征能为客户带来什么好处。比如,一位打字机销售这样向客户介绍商品,从而打动了客户:"这台机器采用电动控制装置,打字按键异常轻巧,能够自动换行跳位,可以节省您宝贵的时间,提高您的工作效率。看上去您可是个大忙人,有了这台打字机,平均每分钟可打120个字,比那些普通的打字机要快2倍,工作起来非常有效率,您再也不用担心时间不够用了。"又如,一位电热毯销售向客户说明了产品特点能为客户带来的利益,从而刺激了客户的购买欲望:"这个电热毯是自动控温的,不用担心温度过高或过低;有两个开关各置两头,不用起身就可从任意一头开关电源;它宽1.5米,长2米,足够双人床铺用;它仅重3斤,保管收藏很方便;所用面料可以水洗,不用多花钱,就可以保持干净……"

营销实践也说明了这一点:向客户提供他们所需要的产品,比说服别人来买你所要营销的产品要容易得多。

美国一家生产润滑剂的公司，其产品久负盛名。但在和几家大石油公司的竞争中，市场占有率微乎其微。后来，这家企业的销售做了一项"客户需要的是什么"的市场调查。调查结果显示，客户需要的不是润滑剂，而是"保证机器不出故障"。因为，机器如果出故障一小时，建设公司损失的钱要远远超过一整年使用润滑剂的费用。建设公司通常要赶时间，若工作不能如期完成，往往要承受很重的罚金。于是，这家润滑剂制造商采取的营销策略是，向客户提出赔偿客户机器因润滑剂出毛病而导致停工所造成的损失，条件是建设公司采用该厂出品的润滑剂，并按该厂商务代表所提出的保养计划来保养机器。过去，这家企业的产品标价不得不低于那些主要的石油公司，如今，客户只买该公司的润滑剂，连价钱多少都不问了，这家企业由失败到成功的转折，就是基于营销观念的转变：由向客户营销润滑剂转向协助客户满足其"保证机器不出故障"的需要。

销售必须清醒地认识到，客户需要的不是产品本身，而是产品的使用价值；他们关心的不是产品有什么特点，而是产品能给他们带来什么利益；客户考虑的不是产品如何好，而是强调产品对他们是否有用。因此，每一位销售，不管你营销的产品是什么，每个客户都要你回答这样一个问题："它对我有何用？"销售也必须要考虑这样一个问题："它对客户有何用？"由此可见，销售必须卖给客户利益，而不是要卖商品的特点。

2. 别让客户自己去找产品给他的利益

对客户熟知的产品，也要向顾客指出利益吗？对此问题答案只有一个：是的。有的销售认为，客户已经熟悉产品，若再指出利益，就显得啰唆，是画蛇添足。这种认识是错误的。客户熟悉产品，但并不代表完全知道利益；有的利益，销售认为客户明白，实际上客户可能完全陌生。

例如，在某城市，有两位销售卖开瓶盖的起子，一个喊"大减价，三毛钱一把"，另一个向客户说明"为了保护你的牙齿，请买把起子吧。"结果后一位销售打动了客户，其原因就在于后者向客户指出了起子的利益所在。

销售不要让客户自己去发现产品是如何满足自己需要的，而是主动介绍出来。如果一个销售一味向客户介绍产品特征，然后期望客户自己会把产品特征联想为利益，那么，销售的销售量将由客户的"购买技巧"决定，而不是你的营销技巧。所以，不要让客户来决定你的销售额。

如何将产品特征转化为客户利益

销售如何把产品特征转化成客户利益呢？有以下三个步骤：

1. 编制产品特征目标

销售要把产品的每一个特征都列出来，编成目录。产品特征不仅仅包括物质特征，如质量、性能、耐用性、易修理性等，而且还包括与企业和营销工作相关的特征，如运输、定价、信誉、服务等。

2. 选择客户最感兴趣的产品特征

没有一个客户对所有的产品特征都感兴趣，所以，销售必须了解到客户对哪些特征最感兴趣。

3. 确定所选择产品特征的重要程度

即某种特征比另一种特征更重要。认真分析各种特征，然后按照对客户的重要程度进行顺序排列，将客户最感兴趣的特征放在首位，重要性的顺序应能证明产品的竞争力。比如营销一台机器，对一个强调安全性能的客户来说，销售应把机器的安全性特征放到首位；而对一个讲究实用的客户来说，销售则必须把使用寿命放到首位。

一般来说客户的利益有以下几个方面的需求，叫做 SPACED。

S 是指安全性，比如某集团通过精心的策划，推出了支援北京的安全猪肉，在北京市场上受到了消费者的喜爱，事实上，消费者愿意多花钱买安全猪肉。

P 是指效能因素，即产品能够产生效能，而这些效能正是消费者所需要的。

A 是外表的包装，也叫做美观。北京安全猪肉的包装非常精美，避免了在流通和销售过程中遭遇二次污染的可能性。

此外，C 表示舒适，E 表示经济，D 表示耐久性。总之，消费者的利益可以概括为安全性、效能性、外表性、舒适性、经济性和耐久性。

在营销实践中为了避免啰唆，可以在产品特征和客户利益之间用以下词语连起来："这就是说"，"它的意思是"，"它意味着……"

比如，一位营销加强型锁的销售介绍产品时说："本产品配有一把加强型锁（特点），这就是说，您将得到更安全的保护（直接利益），这意味着您可以减少保险支出（延伸利益），最后，还意味着您将减少一些麻烦、担心、不安（延伸利益），并在您的新家中过得更愉快（延伸利益）。"

思考题：

> 用 FABE 的方式营销一个胸罩，胸罩的特性是前扣式的。
>
> 在展示说明时要注意进行有效的导入，做完产品说明以后，客户肯定对产品有一些挑剔，面对挑剔，销售该如何处理呢？

测试题

你真正了解自己的产品吗

不论你销售的是什么,从力举千钧的起重机到无形的服务业,销售成功的关键之一就是你到底对你所提供的产品或服务了解多少,其中还包括对同行竞争者产品的优劣比较。

你真正了解你的产品吗?下面的问题可以帮助你解答这个重要的问题,请你坦诚地回答。

1. 你是否知道你的产品超过竞争者的产品带给客户的所有利益?
   是□ 否□

2. 你是否知道你的产品的所有缺点,是否有说服性强的论点加以补充?
   是□ 否□

3. 你是否知道你的产品或服务可能被客户误用或误解的方式?
   是□ 否□

4. 你是否了解你的产品如何独特、为何独特,它有哪些特点是其他产品无法比拟的?
   是□ 否□

5. 你是否关注你所在行业的最新改革或发展,养成随时吸收知识的习惯?
   是□ 否□

6. 你是否了解你的产品是如何制造的,例如使用何种材料等?
   是□ 否□

7. 你是否知道就你具体的某位客户来说,你的产品的哪些特性对他最为重要?
   是□ 否□

8. 你是否对主要竞争者的产品充分了解,能将他们与你的产品做明智的比较?
   是□ 否□

9. 你是否对公司发给你的每份产品说明或手册仔细阅读并存档备查?
   是□ 否□

10. 你是否主动检讨你自己对产品知识了解最薄弱的一环而努力阅读资料、书籍或向专家请教？　　　　　　　　　　是□　否□

11. 你是否了解你的客户使用你的产品后的所有问题及抱怨，是否能够帮助他们解决这些问题？　　　　　　　　　是□　否□

12. 你是否有资格做客户的顾问，提供充分的咨询服务以使他们的投资获得最大的价值？　　　　　　　　　　　　是□　否□

请把你所有答"是"的总数乘以5，如果你的总分是55分或50分以上，恭喜！你的产品知识十分丰富！如果你获得50分，也算不错；40分至45分尚可；40分以下则有待加油。

解析：

1. 首先，你必须了解自己产品的所有利益，从而建立销售信心，在营销时有系统地介绍给客户，以免挂一漏万而不能满足客户的需要或不能激发其兴趣及欲望！真正的营销重点不仅是在介绍产品的特点，更重要的是强调产品的利益或利润，因为利益或利润比特点更能直接打动客户的心。例如，营销香水，茉莉花香是特点，而"迷人"、"吸引异性"则为利益。许多营销朋友在营销时都特别强调产品的特点，如产品的材料（原料）、构造、功能等，却往往忽略了更重要的"利益"营销。而真正了解你的产品优于竞争产品的所有利益，才更能深深地打动客户的心！

2. 天下事有利必有弊，你的产品不可能十全十美。你在营销时硬向客户强迫式地声称自己的产品无懈可击，会招致客户的反感。所以，你必须完全了解你的产品的所有缺点，在营销时如遇到客户的质问，必须以极具说服性的论点加以补充。并以其他明显的优点来转移其注意力。因此，强辩或否认你产品的缺点于事无补，尽量减少其不利影响才是上策。

3. 一种良好的产品如被误用或误解，则不能达到其应有的效果。例如冷气机操作是否依次进行？润滑油是否在工厂中"误用"在不适合的机器中？知道各种不同的误用可能方式，你才能预先警告客户以避免犯错。

4. 一种产品或服务能够成功，必有其独特之处，并为其他竞争者无法抗衡。好好地把握这些独特之处并加以发挥，就可以奠定成功的基础。

5. "不进则退"，在科学技术日新月异的今天，一个专业销售必须不断求知，以免与时代发展脱节。也唯有具备最新知识，才能显示你对产品的充分认识，而赢得客户的尊敬与信赖。

6. 你必须清楚了解产品的制造过程，才能向客户生动地描述及解释产品，从而使客户在脑海中浮起一幅动人的图画，进而对其产生兴趣及信心。

7. 每个客户对同一产品的要求不同。譬如，有的客户重视产品效率，有的重视美观大方，有的重视价格，有的重视寿命等，不一而足。因此，你必须设法使每一位客户的要求都能满足，否则你就会失去既有的客户。请记住：开发一个新客户很难，失去一个老客户却很容易！

8. "知己知彼，百战百胜"，你必须充分明了竞争产品的优劣点，如价格、特性、利益、要点、制造、材料等，并能清楚地与你的产品加以比较，使客户能有系统地被诱导至对你有利的方向。但切忌对竞争产品辱骂，更不可批评得体无完肤，因为这样会使客户对你的人格表示怀疑，所以，你宁可使用"X产品的这些利益很好，Y产品的那些特点不错，但我们的产品更好，因为……"的说法！

9. 很多销售不注意自己公司的产品说明书。但必须知道这些资料不是废物，往往对你有某些帮助，而且客户也可能在做决定之前加以阅读并向你提出问题。尤有甚者，你的竞争公司也可能千方百计地想得到这些资料，而在客户面前将你的产品大加挞伐。所以，阅读这些资料，就积极方面而言，你可获许多产品知识；就消极方面而言，可增强防卫，以达到孙子兵法所言之"古之善战者，先为不可胜，待敌之可胜"。

10. 产品知识具有多样性。如材料、制造、功能、用途、定价、原理、国内外文献等，你必须检讨自己感觉最弱的一环加以改进，大量阅读，不耻下问，甚至向客户求教都会很有帮助！譬如，对一个从事制糖机器的销售而言，他除了要了解机器本身的特性、功能、利益之外，还需对制糖工业及程序透彻了解，要既知其然又知其所以然。因此他必须阅读有关制糖工业的文献、教科书等，向专家请教。千万不可闭门造车，凭空臆测，以免贻笑客户！

11. 最好能对客户使用你的产品后可能发生的问题先做预防，如提醒不要使用过久、不超过负荷、不要忘了定期保养，等等。一旦出了问题，不可设法逃避或推卸责任，将过错完全推给客户，须知发生问题后最重要的不是争执谁是谁非，而是如何解决问题！切记，发生问题而引起客户抱怨时，你的态度及处理方法常常是能否争取其成为老客户的关键。

12. 请你反躬自问，你在这一行业里是否能称得上专家？是否能成为客户的顾问，而不仅是销售产品？你能否真正关心客户的使用结果及利益，而不是"卖出去就算了"？你如果真能以花自己金钱一样的态度来为客户提供投资、选择、使用产品的咨询及服务，则你必能成为客户的朋友！

成交：抓住时机促成交

所谓促成，就是帮助和鼓励客户做出购买的决定，并协助他完成购买的手续。促成交易是营销的终极目的，所以，在促成时该出手时要出手,就像足球运动员临门一脚的功夫一样极其重要。

甲、乙两个汽车配件销售,分别到某一汽车修理厂进行营销。销售甲认为他营销的产品质量好、价格优惠,分别从5个方面介绍了自己的产品。在整个谈话过程中,客户没有提出任何异议,尽管没有马上订货,但销售甲对这次面谈结果感到非常满意,他想客户一定会订货的。因此,他很有把握地给客户留下了考虑的时间。几天后当他再次拜访客户时,却得知销售乙获得了客户的订单。于是,他心想,自己没有什么过错,为什么没有获得订单呢?

销售甲之所以失败,是因为他没有把握住自己的目标——成交,没有及时抓住客户的购买信号,积极诱导客户立即做出购买决定,以致错失良机。

所谓成交,就是促成的合理结果和根本目标。成交的方式有两种:一是签订供销合同,二是现款现货交易。

成交是营销过程的目的,营销过程的其他阶段,如营销准备、唤起客户注意、引起客户兴趣、刺激客户的购买欲望,都是为达成交易所进行的热身工作。换句话说,整个营销工作就是要促成交易。如果不达成交易,整个营销活动就是失败的。

销售要掌握成交的技巧。是否善于促进客户采取购买行为,往往是检验销售水平与能力的标准。一个优秀的销售是一个善于成交的人。有的营销专家认为,一个无法促成交易达成的销售,不是一名真正的销售,而仅仅是一个健谈者。

然而,在实际营销工作中,一些销售就像上例中的甲一样,不敢主动地要求与客户成交。据调查,有71%的销售未能适时地提出成交要求。许多销售失败的原因仅仅是因为他没有开口请求客户订货。美国施乐公司前董事长彼得·麦克考劳说,销售失败的主要原因是不要订单。

不提出成交要求,就好像你瞄准了目标却没有扣动扳机一样。

◇ 克服促成时的心理恐惧

促成的恐惧是销售"临门一脚"失误的重要原因之一。促成的压力是巨大的,但销售可以巧借压力和沉默的力量来完成。快速流畅的促成能够为客户的购买减压,使购买在不知不觉中进行。所以,销售促成时要快速流畅,一气呵成。

另外,心理战也是制胜的重要方面,销售的结果只有两种,不是销售征服客户,就是客户成功地拒绝销售。所以,销售要在心理上战胜促成的恐惧,消除有碍成交的不良心理倾向。

在营销实践中,一些销售心中抱有一些不良的心理倾向,阻碍成交,需要克服。常见的成交心理障碍有三种。

1. 因担心成交失败而不敢主动要求客户成交

这些销售患有成交恐惧症,害怕一旦提出订货要求遭到客户拒绝会破坏洽谈气氛,从而无法继续谈下去;有的甚至对提出成交要求感到不好意思,他们把成交要求闷在心底,直到告辞也不敢提出来。他们一次次拜访客户,一次次礼貌告别,都未能说出自己的心里话:"希望您能订货。"这种因担心失败而不敢提出成交要求的心理倾向是错误的。

首先,没有要求便没有成交,不敢冒险便一无所得。营销中不提出成交要求,你就永远不能与客户达成交易。你只能在成功的边缘徘徊。

其次,销售因提出成交要求而遭到客户的拒绝是正常的事。要想与客户达成交易,就必须学会接受拒绝。大量的营销实践证明,并非每一次营销谈话都会导致最后的成交,恰恰相反,真正能达成最后交易的只是少数。美国的研究表明,销售在获得客户成交之前,至少要出现 6 次否定。就是说没有客户前 6 次的拒绝,就不会有第 7 次的成功。有的营销学者甚至认为:如果一位销售不能学会接受"不"这个答案,不能学会应付客户的拒绝，不能学会即使面对客户的拒绝也能保持心态平稳，那么这样的销售是无所作为的人。

从一个新的角度来看待营销，正确认识营销，有助于销售消除成交恐惧症。销售要提醒自己，自己所从事的工作，是满足客户需要而不是给客户添麻烦。在交易中，客户的受益比你的更多。正如一位营销专家所说："如果您有目的地营销，真正有兴趣解决客户的问题，你就不会在成交时犹豫不决。"反之，对一位有兴趣的客户你没有提出成交要求，你和他都受到了损失：你浪费了时间，客户失去了更快地享用你的产品利益的机会。

2. 销售把客户的一次拒绝视为整个营销活动的失败

一些销售在听到客户说"不"后，便认为客户没有购买要求，这次交易没有成功的希望便放弃了继续努力，与客户告别。这种认识也是错误的。

销售期望与客户见一次面，谈一次话，提出一次成交要求，就能做成生意，这是极其幼稚的。事实上，一次成交的成功率是很低的，成交遭到客户拒绝的可能性很高。但是，现代营销学研究证明，一次成交失败并不意味着整个成交工作的失败。销售可以通过反复的成交努力来促成最后交易。美国一位优秀的营销明星指出，一次成交成功率为10%左右，他总是期待着通过两次、三次、四次、五次、六次的成交努力来达成交易。他随时准备成交，又随时继续进行面谈，继续向客户介绍产品，继续提出新的营销重点。

因此，销售面对客户的拒绝，要继续努力。正如一位营销专家所指出的："客户的'不'字并没有结束营销面谈，客户的'不'字是一种挑战书，而不是阻止销售前进的红灯。"

3. 销售认为客户会自动提出成交要求

有的销售认为，客户会自动提出成交要求。事实证明，这只是一种错觉。

有一位销售，正在向ABC公司营销自己的产品，他已去过该公司多次，花费了很长一段时间。一天ABC公司的采购部经理拿出一份已签好字的购买订单，而且合同一订就是几个月。这位销售惊呆了，愣了半天才如梦方醒。他问采购部经理为何过了这么长时间以后才决定购买，客户的回答竟然是："今天是您第一次要求我们订货呀。"

这个故事说明，绝大多数客户都在等待销售首先提出成交要求。只有销售向客户提出订货要求，才有可能最后完成营销。营销实践表明，很少有客户主动提出订货，即使客户有很强的购买意愿，如果销售不主动提出成交要求，买卖也很难做成。

◆ 抓住促成的信号

一般来说，客户要购买的时候，会发出一定的购买信号。购买信号是客户通过言语、行为、表情等各个方面透露出来的购买意图信息。客户在已决定购买但尚未采取行动时，或已有购买意向但不十分确定时，常常会不自觉地表露其心态。销售只要细心观察，就会发现客户的购买信号。为了有效地促成交易，销售必须善于观察客户的言行，捕捉各种成交信号，诱导客户做出决定。

1. 语言信号

客户的购买信号有以下多种：

- 客户问及使用方法及售后服务；
- 客户把销售已说过的重点再问一次；
- 客户询问交货时期及手续；
- 客户询问支付方式；
- 客户用其他公司的产品与你的产品相比较；
- 客户把你和竞争对手的各种交易具体地加以比较；

- 客户问及市场上对你的某种产品的批评或消费者的感想；
- 要求将产品留下试用；
- 向你打听新旧产品的比价；
- 让你把价格说得确切一点；
- 请教你怎样保养产品；
- 问你是否可以将出售日期延续几天，以便有时间重新考虑，做出决定；
- 要求详细说明使用时应注意的事项；
- 客户问"报纸上的广告，就是这种东西吗？"；
- 索取说明书或样品等。

有时客户的购买信号会采取反对意见的形式表现出来，而这种形式的出现往往预示双方很快就要成交。例如：真有很多人购买这种型号的产品吗？这种材料真的经久耐用吗？您能确保产品质量吗？

2. 行为信号

- 向后仰，靠在椅背上舒展身体；
- 前倾，更加靠近销售；
- 频频点头；
- 端详样品，重新拿起样品和目录；
- 再次查看样品、说明书、广告；
- 用手触及订货单；
- 加快记录的速度；
- 摆弄商品或突然停止摆弄商品等。

3. 表情信号

- 紧锁的双眉分开，上扬；
- 眼球转动加快，好像在想什么问题，作深思的样子；
- 嘴唇开始抿紧，好像在品味什么东西；

- 神色活跃起来；
- 态度更加友好，突然开起玩笑，表情变得开朗；
- 眼神放光，眼角舒展；
- 原先做作的微笑，让位于自然的微笑；
- 流露出与原来不同的神情；
- 客户的表情看上去非常认真，视线集中于说明书或者产品样品上等。

营销是积极进攻行为，销售完全不必在客户说"我买了"之后才拿出合同，而应该认真观察，一旦发现客户有购买意图，就要采取措施，诱导客户做出购买决定，实现成交。否则，错过机会，就会失去成交希望。在营销实践中，一些销售不善于观察客户的购买信号，而是一味地向客户做徒劳无益的解释，结果失去机会，使以前的努力成为泡影。善于发现成交信号的能力来自营销实践的积累，掌握它并非一日之功，但这却是一个销售成功所必需的技能。

思考题：

除了以上所列举的促成信号，实际工作中你还遇到哪些现象是客户成交的信号？

◇ 不要错过促成的时机

营销促成的时机主要有：当客户觉得有能力支付时、当客户与销售的看法一致时、当客户关注的问题得到圆满解决时、当客户询问售后服务事宜时、当你的客户询问货款支付方式时、当客户提出的异议被解决时、当客户同意销售建议书时、当客户同意销售总结的产品利益时等。这些都是成交的时机，销售应该抓住这些时机进行促成。

销售一旦观察到成交信号，就要不失时机地向客户提出成交要求。

当客户对产品表现出明显的兴趣时，正是成交的极好时机，此时向客户提出成交要求是顺水推舟，水到渠成；而在客户没有兴趣时提出成交要求，必然要碰壁。正如莎士比亚在《恺撒大帝》中所说："人生的行动要依时机而进退。当涨潮时进出港口一定来去自如，如果错过时机，便会有搁浅的危险。"而销售常犯的错误就是错过时机：要么是在客户的需要尚未完全形成时过早地提出成交要求；要么是在客户产生需求后没有当机立断地促成交易。

销售在把握成交时机时，尤其要注意以下两点：

1. 时刻注意，随时成交

成交并非是销售留给客户的最后一个话题。在营销过程中，销售要时刻注意观察，一旦发觉客户有购买意图，就要随时提出成交。这是因为，适当的成交机会存在于销售与客户面谈的整个过程中，不存在最佳成交时机，达成交易没有固定的合适时间。

销售在与客户面谈的任何阶段，随时都有可能达成交易。一位营销专家指出："达成交易并非是访问结束时所进行的一个独立的步骤。这种想法会使销售拖延，直到为时过晚。事实上，达成交易是营销谈话的一个组成部分，并且可以在任何时候进行。达成交易并非是你在营销谈话结束时计划要做的事，它可以在适当的时间把谈话引向结束。"

有些销售很善于说服客户，只是不善于抓住时机，促成交易，往往坐失良机，功亏一篑。这种教训，销售要引以为戒。

2. 充分利用最后的机会

在营销过程中，客户如果拒绝订货，销售不要气馁，还要争取最后的机会，即利用和客户告辞的机会，采取一定的技巧来吸引客户。大量的营销实践表明，在营销过程中，多次成交失败后，销售利用与客户告辞的时机仍可达成交易。

一些销售，每到与客户告别时，便慢慢腾腾地收拾东西，有意无意地露出一些客户未曾见过的产品样品，试图引起客户的注意和兴趣，创造出第二次营销的机会。比如，一位销售到一家日化厂营销塑料垫片，眼看厂长就要下逐客令了，他有意将自己发明的"国际时差钟"露了出来。这只用各国彩色国旗替代常见的时针分针的挂钟，立刻吸引住了厂长，尤其是当厂长得知这只钟多次获奖，已申请了中国、美国专利时，顿时热情起来。最后，这位销售终于叩开了成功之门。

在实际营销工作中，许多销售完全忽视了这最后的成交机会，这是很大的损失。所以，销售为了把握最佳时机，不致失败，应特别注意以下几点：

第一，从容应付。要沉着应战，不要慌张性急。

第二，不要得意忘形。销售不能眼见生意到手而得意忘形，以免客户生疑，落个竹篮打水一场空。

第三，不要争论。到了成交阶段，营销中的工作只能使欲望不断升温，而不要因客户的一些无理言辞而与其争论。

第四，不要让价。在成交阶段，客户要求让价，多是存侥幸心理，不会因降不了价而改变主意的。

◇ **促成的一般方法**

销售诱导客户成交的方法很多，每一种方法都有其适用范围，销售不能指望用一种成交方法来解决营销中所有的问题。现在已有许多种成交方法，销售的任务就是针对每次营销的具体情况，选择最适当的方法加以运用，并且要学会综合运用有关的成交方法。

1. 直接请求成交法

就是销售直截了当地要求客户订货。在以下四种场合，可以用此方法。

- 对老客户时，因为双方比较熟悉，买卖无需多费口舌，而且人际关系较好，客户一般不会回绝购买建议。

- 销售观察到客户喜欢产品，已有购买意向，但一时又犹豫不定，销售直接要求成交，可帮助客户下定购买决心。

- 用于引导客户把思绪拉回到购买问题上。如向客户介绍完产品，或回答了客户提出的问题后，就可以接着说："没问题吧，什么时候给你送货？"这样做并不一定就是要马上成交，而是促使客户考虑购买的问题。

- 当客户提不出什么异议，想买又不便开口主动提出时，可以运用直接成交法，结束营销过程。

2. 选择成交法

销售提出两种方案供客户选择。提供选择是达成交易的极好手段，可以避免遭到拒绝。选择成交法的特点就是，不直接向客户问"要不要"，而是让客户在"买多"与"买少"、"买这"与"买那"之间进行选择，不论客户如何选择，结果都是成交。例如："张经理，你要这种型号还是那种型号？你看，这是样品……""范处长，我们是这星期交货还是下星期交货呢？"

不论营销什么，销售都可以选择这种方法促成交易。要动脑筋多提供一些选择，即使各种选择之间只有微小的差别，也要尽量使用这一方法。可供选择的内容是多种多样的，如数量、款式、颜色、型号、交货期、性能、尺寸、付款方式等。

销售在使用这种方法时应注意几点：

- 所提问题中最好不要使用"买"字，这样客户有主动感和参与感，觉得这是自己的选择，而不是别人硬要我买的；

- 所提出的方案不要多于两个，如果提供的选择太多，致使客户拿不定注意，这虽不至于完全丢掉生意，但也会影响立即成交；

- 要将你希望客户选择的方案放在后面。

3. 假定成交法

就是销售在心中假设客户肯定会买，然后向客户询问一些关键性问题来结束销售。这些问题不应该是关于商品本身的问题，而是涉及如何交货、付款、保修及保管产品等，或是着手写订货单、开收据等。

当客户对产品表现出兴趣以及在某些问题上同意你的观点时，可以假设客户已下了购买决心，这时就可以向客户提出关键性的问题，或使客户做出关键性承诺。比如："马厂长，我用一下您的电话，告诉工厂下个月送货来。"如果马厂长允许销售借用电话，也就意味着他已决定购买了。

假定成交法适用于那种集中在一项产品的买卖，或者销售对于客户的购买很有把握的情况。这种方法用来使客户接受购买——实际上是由客户自己下意识做出的。假定成交法是迫使仍在犹豫的客户最终不得不做出购买的决定，以答谢正为此做交货细节安排的销售。

4. 小点成交法

就是销售先就成交活动的具体条件和具体内容与客户达成协议，然后再就成交活动本身与客户达成协议，即先让客户在买什么、如何买上选择，最后让客户在买不买上选择。

心理学家研究证明，最初提出较低的要求，然后再提出进一步的要求，这比一开始就提出较高的要求更容易使人接受而转变态度。小点成功法就是利用这一心理规律，避免直接提示重大的成交问题，而是直接提示较小的成交问题，最后达成交易。比如："林经理，关于设备安装及修理问题，我们负责，如果您没有其他问题，我们就这样决定了。"销售没有直接提及买不买的问题，而是先提设备安排及修理之类的售后服务问题，只要林经理接受了小点成交的条件，销售就可以假定客户已经决定购买了。

5. 异议成交法

就是销售利用处理客户异议的时机，直接向客户提出成交要求而促成交易。客户异议既是成交障碍，也是成交信号。一般而言，只要销售能够很好地处理有关客户异议，就可以有效地促成交易，促使客户立即购买产品。比如，销售在消除了客户提出的异议后，向客户提出了订货要求：

- "易经理，既然您认为价格合适，还是先订货吧？"
- "王科长，既然您承认产品质量很好，我们就备货了。"
- "包主任，既然您已经相信这种包装的优点，你打算要哪一种规格的？大包装的，还是小包装的？"
- "白主任，既然您也同意这个观点，那么如果没有其他不同看法，我们就可以签订具体协议了。"

6. 保证成交法

就是销售直接向客户提出了订货要求，客户有时因对交易条件不放心，害怕失误而拒绝成交，或者故意拖延成交。这时，销售针对客户的主要购买动机，向客户提供一定的成交保证，消除客户的成交心理障碍，增强客户的成交信心，及时促成交易。比如，销售发现客户担心质量和价格，就提出保证，促使客户购买：

- "华主任，您不必担心产品质量问题，我们提供10年的保用保修期，随时都可以为您提供各种技术服务。"
- "杨厂长，您不必担心，请马上购买，我们保证会提供最优惠价格，如果你将来发现还有比我们更低的价格，我们保证会退还多出的那部分货款。"

7. 让步成交法

销售诱使客户决定立即购买，向客户提供一些额外的好处，如降价、特殊折扣、附加配件、促销资料、广告协助、展览资料或特殊奖励、免费咨询、免费服务等。销售在提出每一让步后，就要紧跟着简短地表达出一种已经成交的假设，如："我什么时候交货？"或者："哪种包装对你来说最合适？"如下面例子所示：

- 今后6天里，这批订货可以作为清仓处理，享受3%的折扣。
- 在3月份，你每购买6箱这种产品，将会得到这样一个漂亮的陈列架。
- 在这次促销期间，你每购买6箱货，我们将免费赠送一箱。
- 下两个月，我们将免费安装。

8. 最后成交机会

销售告诉客户，产品数量有限，错过机会，就很难再买到。在你真诚地讲清现在就购买的好处时，可以使用这一方法。比如：

- 6月1日起，我们将提价3%。
- 优待办法于下星期一终止。
- 10月1日起，10%的优惠折扣将不再有效。
- 这是我们提供这种照顾的最后一周。

最后的成交机会使客户有一种紧迫感，容易得到客户订单。但是，销售应认识到：若非100%的绝对真实，你千万不要使用这种方法。否则，这样做就极不诚实，而且还会将未来的销售大门堵死。

9. 留有余地成交法

销售为了使客户下定最后的决心，应当讲究策略，要对产品的某些优惠措施先保留不谈，到最后的关键时刻再行提示，这是成交的最后法宝。例如，在成交关头，销售可以最后提示营销重点，加强客户的购买决心："还有三年保修服务呢"，"负责免费运输"，"提供特殊包装材料和方法"。有的销售不了解客户的购买心理，把所有的营销要点及优惠措施一泄无遗，这样会使销售变主动为被动，不利于最后成交。

美国一位营销专家说，销售"手中至少要保留产品的一个优良特征作为你的底牌，以便在你的所有努力都归于失败时加以使用，这是一个极好的方法"。

10. 激将法

激将法在促成的时候要慎用。比如，销售对客户说："我看您这样就知道您买不起。"客户或许就会购买并且可能数量很大。激将法应该对比较冲动的客户使用，不要用在理智型的客户身上。

11. 小狗成交法

小狗成交法就是先让客户试用产品，然后再收货款。小狗成交法是由一个小故事发展而来的。

在某大商场里，一位售货员正在卖小狗玩具。一位女士带着自己的孩子逛商场，路过她的玩具柜台时，小孩突然要买小狗。

女士说："家里那么多小狗玩具你还要买？"

但是，孩子不答应，于是女士和孩子在商场里对抗起来。

这时，售货员走过来说："太太，您的孩子多聪明可爱呀，他既然喜欢这个小狗就让他拿回去玩吧，当他不喜欢的时候，再把小狗送回来。"这样就解决了尴尬的场面。

女士说："先打一借条，我拿回去给他玩，他明天不喜欢的时候再退，您明天几点钟在这儿？"

售货员说："我明天一天都在这儿，您随时都可以来。"

女士说："孩子，咱们走吧，咱们先拿回去玩。"

这样妈妈和孩子都非常高兴。

拿回家后，妈妈对孩子说："千万注意别撕毁了包装和商标，明天还要送回去。"

孩子怕妈妈第二天把小狗还给商场，于是自己把小狗的商标撕掉了。这样，妈妈没有办法再将玩具小狗退还，只好买了下来。

12. 水落石出法

水落石出法是在促成的过程中先和客户谈别的事，最后把产品促销出去。尤其是针对对销售戒备心很强的人，可以先和客户谈些其他的事情，先来获得客户的信任，最后再推销自己的产品。这样成功的可能性就比较大。

13. 门把法

所谓门把法就是在存在最后一种可能的时候还要拼搏一下。销售要有一种顽强的毅力和斗志。

一位销售向王经理营销产品，但没有成功。离开王经理的办公室之前，这位销售说："王经理，虽然我们买卖没有做成，但是我们的友谊地久天长，我告辞了。"在迈出门一步后他又回过来，抓住门把手，转过脸来对王经理说："王经理，我是一个刚刚毕业的大学生，这一次的营销工作对我有非常重要的意义。我的第一次营销工作如果失败的话，会让我一生都非常难过的。您的阅历非常广，又是我的长辈，您能不能从长辈的角度给我讲一讲，我在这一次营销中有哪些问题引起了您的反感，才导致您不购买我的产品？"由于人们都好为人师，所以，王老板听了这番话后高兴地说："小伙子，坦白地说你的产品不错，我也真想购买你的产品，我就是讨厌你的眼神。你的眼神看我就像看小偷一样，使我很不舒服。"这位销售马上向王经理解释说："王经理，您误会了，我从小眼睛有些问题，需要矫正，其实我并无恶意。"于是，误会解开，王经理购买了该销售的产品。可见，销售在促成的过程中有很多问题需要做非常艺术的处理。

某销售与一家公司的经理用一个下午的时间谈生意，整个过程一直非常融洽，马上就要签协议的一刹那，公司经理却反悔了，这样的情况该如何处理呢？

如果销售坚决反对，并追问对方反悔的原因，那么势必造成营销失败。这是因为，任何一个经理都不会花费很长时间谈无缘无故的事情。该公司经理的反悔 90% 是在试探销售一方在此协议中是否获利，获利程度如何。此时，销售越是坚持要求签订协议，越能证明自己一方从中获利匪浅，对方就越不愿意签。所以，正确的处理方法是顺水推舟："既然这样，我只能表示遗憾，这个买卖不签也罢，就是现在签了这笔生意，我回到公司也会受到上级的责备，所以没有关系。"结果，公司经理势必与销售签订协议。

14. 其他方法

除了以上所介绍的营销促成方法之外，还有很多方法可以借鉴，比如利诱法、利益说明法、订单法、最后异议法、试探法等。

美国营销专家格哈特提出的达成交易的 7 条准则，值得销售借鉴。

第一，以明确的语言请求成交。

第二，用一种客户难以生硬拒绝的方式来请求成交。

第三，在你提出成交的请求之后，要停下来等待客户答复，在此之前不要讲一句话。

第四，如果客户不购买，照样继续营销。

第五，使客户相信，购买是一项明智的选择。

第六，直到客户明确表示不想再购买什么之前，你不要停止营销。销售常常对于一笔生意得意扬扬，以致失去更多的生意。也许你只需要做一定的劝说工作，客户就会从你那里买更多的东西。

第七，对于与你成交的客户要反复致谢。客户应受到三种方式的感谢：销售之后立即用语言表达；24 小时之内发出一封跟踪感谢的短信；以及你和客户交往过程中经常性的感谢。

◻ 促成时需要留心的事

在促成的过程中销售需要注意以下 5 个方面。

第一，时刻准备，一跃而起，动作熟练，有备而来。避免当客户发出促成信号时，自己还没有反应过来。

第二，尝试多次促成，才能最后成交。第一次促成不行，再来第二次，反复地促成，直至最后达到成交的目的。

第三，感情空间要让客户参与，促使其购买。也就是在促成的过程中要留一个非常感性的空间。所谓的感性比如开一些玩笑、讲一些小故事、唱唱歌、打打麻将等，以便在宽松的环境下让客户决定购买。

第四，不急不缓，仪表谈吐稳健，需要辅助工具。销售应避免风风火火、不讲究营销规范的风格，所以促成的时候不可过于急躁。俗话说"心急吃不了热豆腐"，越急就越容易使对方识破自己的心态，对方就越会拖延。另外，销售应力求仪表和谈吐稳健，一直保持微笑的状态。其实，标准的微笑露出多少颗牙齿并不重要，只要感觉自己的脸看着比较舒服即可。

第五，不要再主动制造问题。在促成的整个过程中，销售切忌主动地制造出新的问题，因为新的问题往往会导致节外生枝。

◻ 避免"临门一脚"的失误

销售在成交阶段出现的失误，往往成为成交的障碍。下面列举一些销售应该避免的常见失误：

1. 说得太多

在刚与客户交谈时，销售可以采取迂回战术，话题扯得远一点，以便营造融洽的营销气氛。但在最后签约成交阶段，销售要少说，以免因喋喋不休，使得客户心烦，失去兴趣，错过成交良机。正如一位著名的营销专家所说："不管你如何提出成交要求，一旦你已提出，就别继续交谈了。经验丰富的销售有一种说法，即'言多必失'。"

2. 不出示证明

销售不出示能够证明自己产品优越性的图表、资料、数据、总结、报表、样品、客户来信等，从而使客户对你营销的产品甚至你本人产生怀疑。

3. 不倾听

销售只想着下一步该怎样讲，而不注意倾听客户的谈话，这样往往错过了一些极其重要的买方信息。同样，客户会因自己的陈述没被注意而感到不满。

4. 提出一些易遭客户拒绝的话

比如，销售经常这样问客户：

"买不买？"

"您还不做出购买决定吗？"

"难道您不买了？"

5. 言谈举止失当

一些销售为达成交易，卑微地乞求客户，比如"帮帮我们的忙吧""想想我们做了多少年交易啊""我们花了多长时间来讨论这个问题呀""你的订货对我厂关系重大""我上次可是帮了你的大忙"。这样的乞求，有损销售的人格，让客户瞧不起。

6. 不提出成交要求

调查显示，70%以上的销售在说明结束时没有要求客户购买，结果销售说明结束了，客户就把它当做耳边风丢在一边了。这是最不可容忍的失误。如果你不促使客户购买，督促他做出购买决定，往往会丧失成交机会，特别是在客户想买而又不想买的犹豫思考之时，销售不提出成交要求，客户就难以下定购买决心。

◪ 成交的同时形成"客户链"

1. 何谓客户链的转介绍

有不少销售好不容易促成交易成功了，认为此时如果再给客户添麻烦，请客户转介绍，感觉不好意思，过不了心态关。其实，促成完成后的转介绍是一种美妙、平常，且非常必然的事情。因此，在让客户转介绍时，销售需要注意：

第一，不要怕麻烦客户，成交的客户是乐意给自己帮助的，而自己也乐意让客户帮助，这是两厢情愿的事情；第二，销售应该给客户一个机会来帮助自己；第三，要随时赞美和感谢客户完成这一笔生意；第四，不要操之过急，做急躁的动作。

让客户转介绍时，销售应该这样说："非常感谢你购买我们公司的产品和对我本人的大力支持，像你这样的企业管理者一定有很多朋友，而且你的朋友一定也需要我们公司的产品，你可不可以给我再介绍几个客户呢？我一定用最优秀的产品、最低的价格来满足他们的要求，而且一定会提供完善周到的售后服务，请问谁还会有这方面的需求呢？"于是，客户就会把自己的朋友介绍给销售，销售一一记录，就有了非常好的转客户，这就是转介绍。

因此，促成这一笔生意，实际上也是为下一次销售奠定了良好的基础。

2. 转介绍的流程

转介绍的流程如下：

第一，感谢。"感谢公司（或者"感谢您"）购买了本公司的产品，感谢你对我的大力支持。"

第二，要求。对于对方的转介绍一定要提出要求，没有要求是不可以的。

第三，承诺。"您如果转介绍，我一定承诺用最低的价格、最优质的产品、最完善的售后服务来满足您的朋友。"

第四，引导。"您的朋友圈当中有哪些高级管理者有这种需要，有哪些中层干部有这种需要呢？"

测试题

你是否能够把握成交信号

专业销售知道如何捕捉促成销售的时机，同时知道如何善加利用。一个杰出的销售对于整个营销过程的成交信号都非常警觉，只要这些信号一出现，他必定立刻停止营销介绍，迅速地导入促成销售的行动。许多缺少经验的销售往往不能够敏锐地感觉到客户的成交信号，而滔滔不绝地非把已经准备好的营销介绍说完不可；以为如果不把营销介绍全部说出来，客户就不会完全信服。但是，要知道每位客户对产品的要求不同，吸引他们的产品的特点也各有不同。因此，是否能够很敏锐地立即捕捉客户的成交信号，停止不必要的营销介绍，迅速地转入成交的方向，引导客户下订单，实在是一位优秀销售不可或缺的技巧。

以下有7个题目，请读者依照自己的常识及经验选择最适当的答案。同时，请读者了解以下7个题目中，每个问题都是营销过程中客户可能发出的购买信号，请千万不要忽略它们，而应把握住它们，迅速地击中客户的"要害"。否则成交信号稍纵即逝，殊为可惜。

1. 这种产品的价格如何？

    A. 给予确定的报价。

    B. 您要多少数量？

    C. 您要何种品质的价格？

2. 什么时候你可以送货？

    A. 说明一个明确的运送时间。

B. 你希望我们何时送货?

C. 送货时间决定于订单的大小。

3. 你有红色的产品吗?

    A. 有。

    B. 你准备要红色的吗?

    C. 我们有6种不同的颜色,其中包括红色。

4. 我需要订购多少数量才能够打折扣?

    A. 说明一个特定的订货量。

    B. 您准备订购多少数量的货?

    C. 说明各种数量与价格的对照表。

5. 我所能订购的最小订货量是多少?

    A. 说明一个特定的数量。

    B. 您愿意订购的最少数量是多少?

    C. 提出各种不同规格的订货量。

6. 你们何时能有新的产品?

    A. 说明一特定的时间。

    B. 您想要我们最新的产品吗?

    C. 我还不知道。

7. 你们的付款条件如何?

    A. 说明特定的付款条件。

    B. 您希望用什么条件来付款?

    C. 条件是大家可以商量的。

以上7个题目中,每个问题都需要特别注意,都是能够导致营销成功的成交信号。每一个问题都是以"B"的回答为最佳,因为"B"这个答案是以一个开放性反问句的方式来回答客户的问题,而这个反问句的答案本身就是一种"部分的承诺"。换句话说,当客户回答了你的反问句后，也就等于对你的营销做了部分的决定。

解析：

1. 一个准客户对于销售最初的反应可能是好奇、怀疑，甚至拒绝，对于一个销售的营销介绍，大多会在开始时表现出冷漠的态度，但是当营销的技巧性达到高潮时，客户可能会被营销介绍中关于产品的某些特点吸引而产生兴趣或引起注意。如果这个时候经由销售的进一步诱导，客户产生了购买的欲望，就可能会提出一些心中疑虑的问题。从这些问题及客户的态度里，销售可以推敲、了解客户购买欲望的强弱程度。

像第一题中客户询问价格如何，就是一个非常明显的成交信号。因为客户如果对产品根本没有兴趣，绝对不会询问价格。而当他询问价格的时候，大致表示他对这个产品有想要进一步认识的意愿，或是正在衡量自己的收入或预算。

销售在此时必须立刻把握机会，询问他需要多少数量，这会使客户反问、衡量自己所需要的数量，然后再回答销售的问题。换句话说，这是一种开放性的问法，使客户自己能够思想、计算后再回答，而且回答的本身就代表一种肯定与允诺。这样，销售就可以根据客户需要的数量，假设他已经决定购买，通过发挥，诱导促成销售，完成营销的任务。

如果销售是以"A"的闭锁方式回答的话，则不能诱导出客户开放的态度。这时客户可能会回答说："让我先考虑考虑！"而让一个大好的销售促成机会溜掉。

2. 当客户询问送货方式的时候，就表示客户心中对产品已经有"需要"或"想要"的欲望了，这个时候如果你以"B"的方式反问对方何时需要送货，客户会告诉你，他想要送货的日期。这个回答一方面可以让你了解他需要送货的日期，同时也可以让他自己肯定需要送货的日期。这时销售只要再运用一点技巧，促成销售就容易多了。

3. 当客户询问你有无某种颜色或型号的产品时，如果你以"B"

的形式反问他："您想要这种型号或颜色的吗？"这时大部分的客户会回答："是。"换句话说，客户已在不知不觉中对你作允诺了。此时你只要回答他说："是的，我们有你所要的型号，你看这不是红色的吗？"那么就很容易促成销售了。

4. 本题的答案也是反问客户想要订购多少数量，因此，像第一题一样以"B"的方式回答，最能够获得成功。

5. 这个问题是许多销售都会碰到的，因为许多客户在开始时不愿意订购太多的数量，但是却又对你的营销介绍表示兴趣，此时就可能发生类似本题的问题。最好的答案还是反问他所希望，或是所需要订购的最小数量是多少，让他从自己口中对你说出承诺。

6. 当客户问你何时会有新产品时，就表示客户已经注意你的产品了，但是却又想获得不过时的产品。这时你如果以"B"的方式反问他，"想要一种最新的产品吗？"当客户回答"是"的时候，销售可以很自豪地说："你看，这就是我们最新的产品，是经过许多研究，最近才开发成功的。"这样便能够满足客户求新求变的心理而获得成功。

7. 当客户问到付款条件时，与第一题一样表示客户对产品已经发生兴趣，产生购买欲望了。大多销售都会以"C"——"我们可以一起商量付款条件"来回答，以向客户示好。但是，最佳的回答方式还是"B"，因为反问客户需要什么样的付款条件，可以让客户说出他确实想要的条件，而且不好意思在以后的讨论中反悔自己说过的话。销售此时就可以根据这些条件来进行磋商，否则不易真正了解客户心中的欲望。如果不了解客户欲望，就当然很难满足其需要了。

以上针对7种成交信号的回答，都应该以开放性的问句反问客户，一方面让客户回答他所需要或想要的条件、数量、价格等，自己加以肯定；另一方面也可以使销售真正了客户的意愿，从而进行销售促成的尝试。销售千万不要忽略这些信号而一味地滔滔不绝，口若悬河，结果忙了半天，却没有抓住要领。不了解客户的心理，而要销售成功，这不啻是缘木求鱼。事实上，这种开放性的回答方式，在营销过程中可以经常运用，往往会产生意想不到的效果，希望销售时时加以练习发挥。

思考题：

1. 编写一套促成的台词并且演练。
2. 请按转介绍流程编写老客户转介绍的台词并且演练。

总结：每次拜访都是成长的机会

◇ 销售是没有终点的航程

销售是一个连续的活动过程，只有起点，没有终点。成交并非是营销活动的结束，而是下次营销活动的开始。在成交之后，销售还有今后与客户继续做生意的问题。为未来的销售奠定良好的基础，是营销活动的一个重要环节（如图3-1）。销售在这一环节上的努力程度，将决定今后其80%的销售业绩。

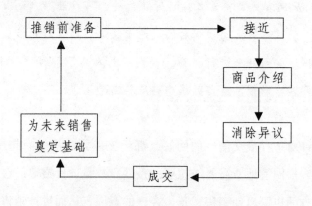

图3-1 营销活动的流程图

为未来的销售奠定基础，就是指销售在成交后还要努力维持和吸引客户。营销的首要目标是创造更多的客户，因为有客户，才会有销售；客户越多，销售业绩就越大；拥有大批忠诚的客户，是销售最重要的财富。

销售要创造出更多的客户，有两个并且只有两个途径：一是确保老客户，即使现有的客户成为你忠实的客户；二是开拓新客户。维护老客户，会使你的生意有稳固的基础；开拓新客户，将使你的生意锦上添花。能否创造出更多的客户，就决定着你未来的销售业绩，今天的努力是为明天的成功铺路。成交后销售的行为决定着明天的销售：是继续成交，还是断绝关系。

严格地说，"营销"一词包含三点含义：一是激发和满足客户的需要，从而使之购买；二是使客户在购买我们产品后，感到满足；三是客户满足后反复购买并推荐新客户。由此可见，销售不仅要做成生意，而且要与客户建立关系。在成交之后，销售要努力使客户的大门对将来的营销总是敞开的。

◇ 真正的销售始于售后

一些销售信奉的准则是："进来，营销；出去，走向下一位客户。"他们在产品营销出去后便认为万事大吉，客户就像断线的风筝，不知去向；待到要再次营销产品时，又不厌其烦地去敲客户的大门，这是一锤子买卖的生意经。

这些销售只顾寻找新客户，而丢掉了自己最重要的老客户，其结果是找到的新客户为丢掉的老客户所抵消，得不偿失。一位营销专家深刻地指出，失败的销售常常是从找到新客户来取代老客户的角度考虑问题的，成功的销售则是从保持现有客户并且扩充新客户，使客户越来越多、销售业绩越来越好的角度考虑问题的。对新客户的销售只是锦上添花，没有老客户做稳固的基础，对新客户的销售也只能是对所失去老客户的替补，总的销售量不会增加。

与失败的销售相反,成功的销售把成交之后继续与客户维持关系视为营销的关键,他们信奉的准则就是:"真正的销售始于售后",他们的生意经就是:"营销的最好机会是在客户购买之后。"他们就是依靠在营销之后继续关心客户获得极大成功的。

美国一位超级销售在总结自己的成功经验时说:"对于我来说,销售的关键时刻,以及我需要做的最重要的工作,是在买主向我购买了产品之后。"他的做法是:销售之后,通常总是用电话和客户联系几次。他向客户说明,他打电话的用意就是要弄清楚是否满意他提供的产品,对客户是否有利。如果客户回答是肯定的,他就诚挚地称赞客户的购买是一项明智的选择,还顺便与客户回忆一下当时洽谈时的有趣细节。在赞扬了客户之后,他还在电话中告诉客户,为其准备了一份礼品,通常这份礼物并不贵重,但它却是客户该买而未买的,它可以增加已购物品的使用价值。如果客户反映有问题,他马上兴致勃勃、信心十足地去处理。

"你忘记客户,客户也会忘记你",这是国外成功销售所信奉的格言。在成交之后,应继续不断地关心客户,了解他们对产品的满意程度,虚心听取他们的意见,对产品和营销过程中存在的问题,积极采取必要的措施,防止失去客户。销售只要与客户保持密切的关系,可以战胜所有的竞争对手。总之,销售永远不要忘记客户,也永远不要被客户遗忘。

"真正的销售始于售后",其含义就是,在成交之后,销售能够关心客户,向客户提供良好的服务,既能够保住老客户,又能够吸引新客户。你的服务令客户满意,客户就会再次光顾,并且会主动给你推荐新的客户。

◘ 挖掘失败的原因

销售销售失败的原因主要有以下四点:

1. **心理障碍**

销售缺乏自信、不敢促销等现象都是心理方面的障碍。

2. **天生惰性**

惰性是人的本性，所以顶尖销售需要动力和压力，也需要目标的牵引力。对顶尖销售的管理要三力并进。

3. **诱惑的陷阱**

销售在营销过程中面临着很多的诱惑，比如生活的诱惑，金钱的诱惑等。面临这些诱惑，如果销售把持不住，就极有可能犯错误。

4. **不良习惯**

有些销售有不良习惯，并且不以为意，觉得这是自己的业余生活，和工作无干，其实不然。比如赌博，有些销售赌博的水平确实很高，不但会玩麻将，而且还会打纸牌，没有这些赌博工具的时候，甚至会因地制宜，以非常简单的方式来赌博。销售一旦沾染这样的不良习惯，将对自己的营销工作非常不利。

打包成功的经验

销售拜访后要进行有效的总结，除了找出失败的原因，还要找到快乐的事情和成功的经验。

销售第一个成功的经验是激情。销售应该两眼放光，永远保持一种去抓别人的激情。如果没有激情，将永远做不好销售。除了有激情，还要学会制定目标，包括你的远景目标和近期规划。有了激情和目标，我们缺乏的两个字就是行动。所以，营销成功经验的三要素，就是激情、目标和行动。三个要素相加，就等于成功。销售的成功因素可以概括为：目标创造格局，态度决定成功，行动带来收获。

因此，我们可以反思一下自己，你是缺乏激情，还是缺乏目标，或是缺乏行动呢？

Top Sales

第四章

顶尖销售这样和客户打交道

应变：处理客户异议的技巧

◇ 得知拒绝的真意

客户对销售营销活动的拒绝是人们与生俱来的对营销的一种抗拒，是正常而自然的一种自我保护和心理防卫，也是对于陌生人和事物不了解的一种习惯反应。

拒绝的存在意味着成就快开始了。反对的意见包括：解决性的反对意见、惯性的反对、逃避决策而反对、需求未认清而反对、期望有更多的资料而反对、抗拒变化而反对、利益不显著而反对。这些反对和拒绝都可以解决。但是有一些反对的意见无法解决，比如，没有钱、信用不够、不需要产品或服务、没有权力购买等。

某销售到一家企业去营销产品，迎门看到一个老大爷正在浇花，销售走过去说："大爷，我是××公司的销售，营销××产品。"

老大爷很高兴，耐心地听着。销售感觉老大爷不拒绝自己，讲得非常开心。几个小时以后，该销售开始促成："老大爷，这个产品您到底要多少呢？"

不料老大爷说："小伙子，很对不起，我没有决定权，我只是公司浇花的园丁。你到后边楼的二层204房间，找孙科长问一问吧。"

小伙子很生气，然后到204房间果然找到科长，与科长谈得非常好，然后科长带他见到厂长，最后在签协议的时候，小伙子和厂长握手时多说了一句话："厂长先生，你们厂什么都好，下边那浇花的老头不好，他没有权利购买，却和我聊了一上午，浪费我的时间。"

话音刚落,厂长便很生气地把销售赶出来了。原来养花的园丁是厂长的父亲。所以,销售即使找错营销对象也不应该出言不逊,这也说明销售在促销的过程中要干净利索,不要多说任何一句话。

客户拒绝时的三大理由不外乎"没必要"、"不买"、"买不起"。因此,销售应尽早得知对方拒绝的真意,以便使用自己的说服技巧来应对。

客户:"你是来营销的吗?我不会买的。"
销售:"谢谢,谢谢您。"
客户:"我说不买,你还谢什么?快到别处去营销吧!"
销售:"谢谢,真谢谢您。"
客户:"不管你怎么说,不买就是不买。"
销售:"谢谢。不过,我并没说什么啊?"
客户:"你是销售,对吧?我知道你想借机营销。"
销售:"谢谢您。这么说,我看来真的那么像坏人吗?"
客户:"可是,销售总是……"
销售:"的确,在这社会上是有许多像您所说的不太地道的销售存在。不过,我从小就被教导成一个不打扰他人的人,我相信我所做过的事,绝不会遭人指责。现在,如果我打扰了您,我可以立刻回去,或者您找电话报警也行,家母常教诲我说:'每个人都有了不起的涵养。当您遇见一个人时,您要心想,这辈子或许不会再见面,必须尽量学习他的优点。'如今,我能和初次见面的您在这里交谈,这真是很难得的机会。我每天回家以后,都会到家母的面前,把当天和客户面谈的情形做个报告。您能不能给我5分钟的时间?"
客户:"嗯……您和其他的销售好像有点不同。好吧,有话不妨说说看。我知道这种商品不错,可是价格太贵了。"
销售:"您说的一点也不错。如果单以价格来判断,本公司的产品的确是贵了些。不过，仅仅只是价格高而没有任何优点的话，不可能像现在这样畅销。而且，事实上，本公司产品的性价比比其他产品更好。所谓'一分钱一分货'，在耐用性方面，本公司产品的平均值比其他产品高出40%，速度方面也快20%，因此综合性能比别家强68%以上，但是价格差异却只有30%左右而已。请您比较一下，到底哪一家产品的价格便宜？"

客户："本公司向来只购买××公司的产品，所以您说得再详细，也是白费心思。"

销售："听说××公司的产品很不错，而且销售也很热心。还听说他们的售后服务工作也做得很好，××公司是不是每星期都派人来服务？"

客户："不，不是每星期都来。差不多半个月来一次。"

销售："有任何不方便的地方吗？"

客户："那有什么办法？哪有百分之百令人满意的事？"

销售："这是因为客户已经'爱上'××公司，因此不肯'移情别恋'。可是本公司的制度不同，我们为顾及客户的需要，每周都派销售拜访。此外，记得我曾经在一本书上看过，最好选择数个厂商作为交易对象，以便让他们互别苗头。"

客户："我儿子在××公司（这位销售的竞争企业）工作，所以……"

销售："哦，那是一家经营得很不错的公司，我们也经常向他们讨教。请问你公子是在××公司的哪个分公司上班？"

客户："×××分公司。"（其实，××公司并没有在×××成立分公司。只要掌握竞争的信息，立刻听得出对方在撒谎。）

客户的拒绝理由中，不需要占20%，不适合占10%，不着急需要这个产品占10%，其他占5%，居然有55%是因为不信任销售才不购买产品，而且销售也没有找到客户的需求点，而不是因为不需要，也不是因为不适合或者其他什么原因。因此，所有的销售活动应该首先建立主客双方的信任关系，而建立信任关系就要从发现需求开始。

如何看待客户的拒绝

1. 销售要有应付客户拒绝的心理准备

在营销实践中，一些销售对客户拒绝的真实内涵和作用不能正确认识。他们首先抱着幼稚的乐观主义态度，特别是一些营销新手一出门便满怀热情，心想"今天一定会一帆风顺"，根本没有接受被拒绝的心理准备。结果，在遭受客户拒绝后，他们马上从乐观的心态变成了失败者的状态，开始怨天尤人，认为自己缺乏从事营销的能力。有的销售在洽谈中原本和客户谈得很融洽，但当客户提出不同意见时，却惊慌失措，不知如何应付。

其实，这些都是错误的，想避开客户的异议根本不现实。害怕客户异议，便很难取得成功。所以，销售与其逃避拒绝，不如坚定成功的信念，研究如何战胜拒绝。

日本营销专家二见道夫曾对378名客户做了如下调查："当您被销售访问时，您是如何拒绝的？"其结果如表4-1所示：

表4-1 客户拒绝理由调查

序号	回答内容类别	人数	百分比（%）
1	有明确的拒绝理由	71	18.7
2	没有明确理由，随便找个理由	64	16.9
3	因为忙碌	26	6.8
4	不记得是什么理由，好像是直觉	178	47.2
5	其他	39	10.4

从表 4-1 可以看出，有 70% 以上的人没有什么真正明确的拒绝理由，只是泛泛地反感被打扰，随便找个借口将其打发走。这个调查表明，客户拒绝的是"被销售"，而不是具体的"你"。销售若能以个人和产品的魅力吸引住客户，就会受到客户的欢迎。

营销就是从被拒绝开始的，没有拒绝也就没有营销，因此，销售要有正常的心态来看待客户的拒绝。拒绝就像太阳东升西落一样自然，被拒绝并不可怕，可怕的是销售对被拒绝的恐惧心理，这种恐惧心理是销售意识当中的大敌。

拒绝就是反对意见，是一个对立。在销售的过程当中，反对意见是一种非常重要的步骤，如果没有反对的意见，就没有接纳或承诺。所以，销售应该把反对的意见当做一种正面的信息。市场营销有一句名言："喝彩的是看客，挑剔的是买主。"客户开始挑剔产品，意味着已经对产品感兴趣。

2. 掌握应对客户拒绝的基本原则

销售应对客户的拒绝理由时，应把握以下基本原则（见表 4-2）：

表 4-2　应对客户拒绝的基本原则

应对原则	方法说明
1. 轻轻带过	客户提出反对的意见只是一种借口而已，千万不可与客户辩论，必须很冷静地将对方所说的话轻轻带过。例如说："谢谢！""是，只不过……"
2. 发问	以求教的态度问："那是怎么回事？""这又是为什么？"
3. 利用对方的拒绝	"你说的不错。因此……""你这是什么意思？"
4. 了解对方拒绝的理由	"为什么不需要？""不肯花钱是吗？"

(续)

应对原则	方法说明
5. 由对方拒绝的口气中，找出说服对方的要点	当客户提出"减价"和"交易条件"方面的要求时，也会成为拒绝的理由。
6. 拒绝的态度太强硬时	站在对方的立场上为他想出理由后，再设法使他态度软化。
7. 拒绝的理由明显时	慎重地回答，并且与对方一起思考解决的方案。
8. 拒绝的理由不明显时	必须问出拒绝的理由，同时也应该确认一下，问："你的意思是这样，对吗？"
9. 只反对一部分时	强调对方喜欢的那一点，并且让他忘记反对的那一部分。
10. 被谣言所惑时	拿出证据，以逻辑推理的方式证明对方所听到的只是谣言。如果有意隐瞒，反而会导致客户的不信任。
11. "现在不需要。""目前还买不起。"	如果客户有这些正当理由时，不要强迫营销。等到适当的时候，再来拜访。
12. 对方没有时间	必须取得再次访问的约定。

处理客户拒绝的方法

排除拒绝有很多的办法，拒绝的类别主要有真实的拒绝、虚假的拒绝、异议或隐藏的拒绝，虚假的拒绝是一种托辞。处理客户异议需要掌握一定的方式和技巧。

1. 忽视法

对客户的拒绝不加反对，一笑而过，可以避免与客户辩论而伤及感情。在销售的过程中，滔滔不绝地辩论往往是一种错误的行为，最好的行为是聆听，耐心地点头，鼓励别人说。

2. 优点补偿法

优点补偿法就是客户提到一个异议时，销售可以用这个产品的优点作为最大的补偿。

3. 太极法

太极法也叫做回转法，把客户拒绝的意见经过分化、处理、分解和论证，再推回去的做法叫做太极法。

此外还有反问法、直接否定法、间接否定法等。总之，销售排除障碍的总策略是：第一，避免争论；第二，避免枝节问题，不要在枝节的问题上不断论证；第三，既要排除障碍，又要不伤感情；第四，要把握排除障碍的时机；第五，先发制人排除障碍；第六，不要对可能影响买主的心理障碍大做文章。

处理客户异议的六大技巧

1. 对客户异议要正确认识

客户异议就是指在营销过程中，客户提出的不同看法、反对意见和拒绝。要恰当地处理客户异议，首先必须要对客户异议有正确的理解。

客户异议具有两面性：一方面，客户异议是成交的障碍。如果对客户提出的异议，销售置之不理或没有给予一个圆满的答复，那么客户也就不可能采取购买行动。另一方面，客户异议也是成交的信号，表明客户对产品感兴趣。在一般情况下，正是由于客户对营销的产品产生了兴趣，才会提出这样或那样的问题。如果他们对产品不感兴趣，连看都不愿多看一眼，又何来异议？

一位百货大楼的售货员进行的一次有趣统计，也可以说明这个问题。这位营业员一天接待客户102人，接待时间不足一分钟的有28位，成交率60%；超过一分钟的有14位，成交率为90%；接待时间超过一分钟的客户换货次数最多的是6次，最少的是3次。据美国销售专家研究表明：40%的成功上门销售是在客户表现出"坚决不买"（但客户的态度并不恶劣）的情况下取得的。这些调查资料说明，客户提出异议，是为了购买一个更好的产品。而在工业企业的产品销售中，客户提出异议还表明希望能有优惠的条件。

据一些营销专家的研究显示，80%的销售失败，是因为买方不够了解卖方所营销的产品。所谓"不够了解"就是客户没有对产品提出异议或是销售对客户的异议没有给予圆满的答复，使客户对产品或交易条件没有完全了解。

销售只要能充分地证明产品为客户带来的利益，刺激客户的需求欲望，就可能促使客户购买。因此，异议来自客户对产品的兴趣，包含着成交的希望。销售对客户异议的答复可以帮助他营销产品。异议还可以使销售掌握客户的心理动机，知道为何不买的原因，从而有助于销售按病施方，对症下药。

销售要认识到，客户有异议是营销活动中的正常现象，可怕的不是提出异议而是没有异议。不提任何不同意见的客户常常是令人担心的客户，因为人们很难及时窥探到他们真实的内心活动。美国的一项调查表明，和气的、好说话的、几乎完全不拒绝的客户只占上门营销成功率的15%。

2. 处理客户异议的原则

不打无准备之仗，是军事家取胜的一条基本原则。同样，这也是销售战胜客户拒绝应遵守的一个基本原则。一位优秀的销售在访问之前，不仅要有应付客户拒绝的心理准备，而且要认真做好战胜拒绝的具体准备工作。销售在走出工厂大门之前，就要将客户可能会提出的各种拒绝列出来，然后考虑一个完善的回答。事前有准备，面对客户的拒绝时就可以胸中有数，从容应付；事前无准备，面对客户的拒绝时就只有惊慌失措。

(1) 事前认真准备。

在加拿大的一些企业里，有专家专门收集客户经常提出的各种异议，然后针对每种异议做出科学的答案，要求销售记住并熟练运用，这样就增强了战胜困难的可能性。

戈德曼博士提出了一种比较好的营销工作准备方法：找一张纸，在纸的中央从上向下画一条直线。在直线的左边，把客户可能提出的异议——列出来，如果异议很多，可以把空当留大一点，把同类问题都归结在小标题下，在直线的右边，把那些你认为最好的处理方法扼要写下来，然后分别去征求一下同事、营销负责人、关系密切的客户的意见，向他们请教更好的处理方法。这样，你就会得到很多有用的启示。也可以通过模拟练习，熟练地掌握那些处理方法。应当注意，这张表格一定要经常不断地补充、修改，以适应营销工作的实际需要。

(2) 针对不同情况，采取不同措施。

对客户提出的不同异议，要采取不同的释疑策略，做到有的放矢。

①隐藏式异议。客户没有异议，却又迟迟不买。造成这种情况的原因可能有两点，一是销售喋喋不休，高谈阔论，不给客户发表意见的机会。对这种情况，销售要学会适时闭住自己的嘴巴，倾听客户提出的意见。二是客户不愿意公开自己的看法。对于这种情况，销售可以运用一定的技巧，打消客户的顾虑，让客户把心中的真实想法吐露出来。

- 观察：察言观色，凭经验揣度客户的真实想法；
- 分析：联系前因后果，分析推断出问题所在；
- 诱导：诱导客户讲话，让其充分表露真实意图；
- 故意出错：有意搞错话题，引起客户表态；
- 多问几个"为什么"，创造探询的机会；

- 让客户回答不完整的提问。

举个例子来说，某客户王经理在存在异议时，可以问："王经理，似乎价格上没有什么不同意见，那么你还不做出决定的其他理由是什么呢？"在提问时，销售必须正视买主，同时最重要的是话要说到一半就停住，接着保持沉默，销售不要打破它。因为，沉默是让客户进行思考的最好方式。沉默的最后只有两种可能：一是买主说并没有其他什么原因，这表明客户不愿意购买，销售就应该准备结束；二是买主难以回避，不得不做出明确的回答，这就给销售提供了克服异议的机会，从而通向了最后的胜利。

面对这种情况，关键在于这一句："……您还不做出决定的其他理由是什么呢？"客户如果不主动地提供实质性的内容，就无法回答这一问题。销售应注意的是，不能使用这种形式的问句"你现在还不做决定是不是还有其他理由"，对此的回答肯定是一个"不"字，销售对此就束手无策了。

②借口。对客户的借口，无回答之必要。因为，即使你消除了这些借口，客户也不会购买，对此，销售可采取相应的方法应付借口。比如装作没听见；或对客户说回头讨论；或者用一句话应付过去。

③偏见。这有两种情况：一是由于客户缺乏知识，不了解情况而引起的。销售对客户进行解释、提供资料，或是进行示范就可以消除偏见。二是不合逻辑的、带有感情色彩的异议。这类异议比较难处理。用摆事实讲道理的方法根本改变不了客户的看法，即使事实证明客户是错的，也无济于事。在不影响营销效果的前提下，要尽可能地避免与客户直接讨论问题。如果客户坚持，销售可以装作没听见，继续介绍。如果一定要回答，那么，销售可以先承认他的观点有道理，然后再设法把话题引开。

在消除偏见时，有些方法不宜采用。比如完全否定、不加理睬、争论辩论、盲目附和、讥讽奚落等。

④恶意反对。有些客户由于性格原因出言不逊,有些客户由于对情况不了解或听信谣言对销售、产品、交易条件等横加指责,还有一些客户由于缺乏商业道德而对销售故意刁难。处理这类反对意见时,销售首先不要鲁莽从事,不要大动肝火,与客户针锋相对。销售必须记住自己的目的是营销产品、服务客户,因此必须要能够忍受这一切。处理恶意反对,可以用对付借口的一些方法。

⑤了解情况的要求。客户提出这类要求时,是真心实意地想从销售口中了解更多有关产品和交易条件的情况,往往表明客户对产品已经产生了兴趣,甚至产生了购买欲望。处理这类问题的方法是,用各种手段尽可能详细地向客户提供有关情况,以充足的证据、令人信服的解释,消除客户的疑虑。这种意见通常是以问话的形式提出来,销售应尽可能正面回答客户的提问。

⑥自我表现。有些客户想表明自己是行家,显示自己的才华或地位,往往会提出一些不同意见,这些意见一部分是正确的,而大多数是毫无意义的。对此,销售要耐心听,不要反驳客户,而要向他们请教,使客户成为你的伙伴。对那些无关紧要的异议,完全可以不加理睬。

⑦最后的异议。有些客户在决定要购买的同时,又会提出"最后的异议",以争取更为有利的成交条件。还有些客户由于采购行为事关重大,为了慎重起见,再次提出洽谈中已经提出的异议。对于前一种,销售应婉转但坚决地拒绝;对于后一种,销售可重复以前的解释和保证,消除客户的犹豫。

(3)**选择恰当的时机**。

美国通过对几千名销售的研究发现,顶尖销售所遇到的客户严重抗拒的机会只是较差的销售的1/10。这是因为,顶尖销售对客户提出的异议不仅能给予一个比较完满的答复,而且还能选择恰当的时机进行答复。营销实践表明,对客户异议答复的时机选择和答案本身同等重要,正如美国营销专家戴维·克尔茨所说:"掌握回答拒绝的时机,是处理客户异议的一项重要技巧，正确时机来自工作实践的不断积累。优秀销售必须掌握在各种环境和条件下，处理各种拒绝的最适当时机。"

①在异议尚未提出时回答。防患于未然，是销售消除客户异议的最好方法。销售在谈话时，如果觉察到客户会提出某种异议，最好在客户提出之前，就主动把问题提出来，并给予解释。这样，可以使销售争取主动，先发制人，从而避免去纠正客户的看法，或反驳客户的意见而引起不快。

销售完全有可能预先揣摩到客户异议并抢先处理。因为，客户异议的发生往往遵循一定的规律性。比如，当销售大谈产品的好处而尚未提及产品价格时，客户就会提及价格；当销售谈论产品好的一面时，客户很可能在产品差的一面去琢磨问题；当销售谈论自己的优势时，客户很可能要搬出竞争者来比较。有时候，客户心中有异议虽然没有提出来，但他们的表情、动作及谈话的用词和声调却会有所流露。经验丰富、反应灵敏的销售就会觉察到这种变化，并抢先回答客户的异议。

②异议提出后立即回答。绝大多数异议要立即回答。这样既可以促使客户购买，又是对客户的尊重。如果客户提出异议而销售没有立即给予答复，客户会感觉不快，故意与你为难。如果出现这种情况，就增加了交易的困难。

③过一段时间再回答。对于以下异议需要销售暂时保持沉默：

- 异议显得模棱两可，含糊其辞，让人费解；
- 异议的即刻回答可能造成销售的被动局面，甚至断送这次销售机会；
- 异议显得文不对题，答非所问；
- 异议显然站不住脚，不攻自破；
- 异议不是三言两语可以辩解的；
- 异议正好与后面的论说内容叠合，没必要打乱论证顺序，需按原计划进行；

- 异议超过辩解者的认识和能力水平；
- 异议涉及较深的专业知识，解释不易为客户马上理解。

急于回答客户此类异议，是很不明智的做法，往往令客户大失所望，从而丧失利用异议说服客户的好机会。暂时不答，不等于不答。经验告诉我们：与其急促地错答十问，不如从容地对答一题。

④不回答。一些销售认为，必须回答客户提出的每一个异议，其实这是个误解。有人认为，大约80%的异议是不必回答的。销售对此类异议既不表示反对，也不表示赞成。不赞成是因为他们与销售利益背道而驰，不反对是因为这样做多此一举。经过很多销售的验证，对以下异议可以不回答：

- 无法回答的奇谈怪论；
- 容易造成争论的话题；
- 不堪一击的肤浅见解；
- 废话；
- 可以一笑置之的戏言；
- 异议具有不可辩驳的正确性；
- 自己没能力说清楚的问题；
- 超过自己权限范围的议题；
- 明知故问的发难。

销售不回答可采取以下技巧：沉默不语，装作没听见，按自己的思路说下去；答非所问，悄悄扭转对方确定的话题；插科打诨幽默一番，最后不了了之。

3. 消除客户异议的方法

销售可以运用多种方法来消除客户异议。

（1）**先抑后扬**。如果客户的意见是错误的，销售直接反驳，会引起客户的不快，这时就可以运用先抑后扬的方法。"对"，就是销售要首先承认客户的意见是有道理的;"但是",就是销售在给客户留面子之后,再提出与客户不同的意见。这种方法是间接地否定客户意见,比起正面反击要婉转得多,一般不会直接冒犯客户,有利于保持良好的营销气氛,销售的见解也容易为客户所接受。比如,某家具销售向一位客户营销各种木制家具时,客户提出:"你们的家具很容易产生扭曲变形的现象。"面对客户的异议,销售从容解释:"您说得完全正确,如果与钢铁制品、水泥构造相比,木制家具的确容易发生扭曲变形的形象。但是,请您注意,我们制作家具的木板,不是普通的木板,而是经过完全干燥处理过的,扭曲变形的系数已降低到最小的程度。也就是说,降低到人们肉眼无法发现,而只有精密仪器才能测得出的地步,这一点您可完全放心。"

当然,销售过多地使用"对,但是"处理法,也不总是能收到好的效果。因为,客户听得多了,往往会在听到"但是"后产生一种失望感。这时,销售可采取"对,但是……"的引申形式"是的,如果……就……"。比如,一位客户提出异议"价格太贵了",销售可以这样回答:"是不太便宜(表示同意),如果考虑到产品的质量性能和我们提供的服务,您就会觉得它是合理的。"

有时候,使用"是的,如果……就……"这个程序觉得有点别扭,可以把它变成"是的(稍停顿),……"来代替。停顿造成间断,同样具有改变话题的作用。比如,客户说:"价格太贵了。"销售可以这样回答:"我料到您会这样说的(稍停顿,微笑一下,然后说下去),可您为什么不想想我们的产品质量和售后服务呢?"

销售在运用"对,但是"处理法时,可灵活运用以下句型:

- 总的来说,您的想法是对的,如果……
- 您是个聪明人,我一说出来您就会知道,请听……
- 我同意您的看法,我的另一些看法是……
- 我也有同感,问题在于……

(2) **补差存同**。如果客户提出的异议确有道理，销售采取否认策略是不明智的。这时，销售应首先承认客户的意见是正确的，肯定产品的缺点，然后利用产品的优点来补偿和抵消这些缺点。使用这种方法来处理客户的反对意见，可以使客户保持心理平衡，有利于排除成交障碍，促成交易。

比如：某地毯厂生产的是圈绒地毯，一位客户对该厂销售说："簇绒地毯色彩鲜艳，绒面丰满，手感好，铺在家里显得富丽堂皇。"销售对客户提出的异议解释道："你很有眼光，簇绒地毯完全具有你所说的优点，但我厂的圈绒地毯也具有自己的特点。从使用角度来看，圈绒地毯耐用、使用寿命长、回弹性能好，弹性保持时间长。圈绒地毯的背面涂有天然乳胶，可以防虫蛀，防霉变。而簇绒地毯用了一段时间后就会绒面倒伏，失去弹性，它的背面是麻袋，易霉变，如果受潮，绒面会脱落。"这一席话打动了客户，于是客户欣然掏钱购买。

(3) **反驳处理法**。指销售对客户的异议进行直接否定。比如一位照相器材销售向一所大学的电化教育负责人营销摄像机时，客户提出异议："这种外地产摄像机坏了，没有地方修，我们可不敢买。"销售回答道："你尽管放心，我厂在本市常设4个维修点，你看产品说明书上有这4个维修点的地址及电话。"

(4) **利用处理法**。即销售将客户的异议变成客户购买的理由，说服客户购买。比如，一位家庭主妇欲购厨房用具，销售帮她挑选盘子时，客户提出异议："这种盘子太轻了。"销售回答道："轻，正适合你用。这种铝制盘子就是根据妇女力气小的特点设计的，现在十分热销。"

又如，一位工业设备销售向一家工厂采购人员营销工业设备时，客户说："我们厂的设备有特殊的性能指标，一般厂家不生产。国内只有少数几家厂生产，这种设备我们有固定的业务关系。"销售回答："噢，你对我们厂不了解。我们厂是专门生产特殊性能、特种型号的设备厂家。你们有什么要求尽管提，我们按要求定制。"

(5) **询问处理法**。即用对客户的异议进行反问或质问的方法答复客户异议。如客户说:"你的东西很好,不过,我现在不想买。"销售立即追问:"既然东西很好,为什么你现在不买呢?"

(6) **不睬处理法与一带而过处理法**。不睬处理法,就是指销售对客户的异议故意不做理睬。一带而过处理法,是指对客户的异议只做十分简单的回答,以表示理解异议所指。在产品营销过程中,客户有时会提出一些与营销无关的异议,甚至是荒谬的异议。这时销售就应不予理睬或一带而过。比如,一位客户对某吸尘器销售说:"你们的吸尘器为什么叫荷花牌,不叫兰花牌?"销售:"你看,这种吸尘器有二档高速,用途广泛。"(不睬)或回答:"噢,荷花和兰花都很漂亮。你看,这种吸尘器二档两调速,用途广泛。"(一带而过)

4. 争辩是营销的第一大忌

有人统计了2461例营销失败的实例发现,在导致营销失败的诸多因素中,由争论引起的失败率高居榜首。由此可见,争论是消除客户异议的第一大忌。当客户批评我们的产品或服务时,即使你伶牙俐齿,能言善辩,也永远不要争辩。因为,争辩不是说服客户的方法。正如一位哲人所说:"你无法凭争辩去说服一个人喜欢啤酒。"与客户争辩,失败的永远是销售。因为,争辩之后,双方容易意气用事,任何伤人的语言都会流露出来,最终会因得罪客户而失去客户。这种逞一时之快而失去交易机会的做法是得不偿失的。营销界有一句非常流行的话:"占争论的便宜越多,吃销售的亏越大。"因此,争论成功之际,也就是营销失败之时。

销售避免与客户争辩的最好方法是克制和规避。如下列做法:

- 保持沉默,但要微笑。
- 转过身去做一件小事,以消除剑拔弩张的紧张气氛。比如咳嗽几下、擤擤鼻子、取一样物品、与第三者打一个招呼,等等。

- 打断客户的话题,给他们看一样与争论无关的东西,转移他们的视线。
- 接过客户的话题,转而谈论别的话题。
- 表示某种歉意,削弱客户想争论的兴致。
- 让客户稍等一下,做出好像有急事处理的样子,可借故去厕所,回过头来去谈别的事情。
- 改善谈话的气氛,如递一支烟、沏一杯茶、送一件小礼品等。

5. 销售要注重"面子"

(1)销售首先应给自己留面子。

销售首先应自己尊重自己。有时,销售费了九牛二虎之力,客户也不愿订货。这时,一些销售往往表现出一种乞求的神态,寄希望于客户的施舍,如:"看在我们多年交往的分上,这事就决定了吧,不然,我回去怎么交差……"或者"请多包涵包涵,您要是不买我的货,下个月我的奖金就完了……"

这种销售将会受到客户的蔑视,即使偶尔博得客户的同情而得到施舍,但付出的代价也比较大,因为降低了自己的人格。而人们则习惯从站着的人身边绕过去,从爬着的人身上跨过去。销售只有尊重自己,才能赢得客户的尊重。

营销是科学,是艺术,发财之道岂能同化缘之道相提并论。面对坚持自己意见的客户,销售要用一种挑战性的态度去处理。如果有一线希望就要做最后的努力;如果实在不行,就要及早撤出阵地。将自己的人格营销给客户,也是成功。因为它为今后的营销成功奠定了基础。

(2)销售要给客户留面子。

人是感情胜于理智的动物。如果销售伤了客户的自尊心,即使你的产品再好,客户也不会购买。所以,销售要尊重客户的意见,无论其是对还是错,是深刻还是幼稚。销售要重视客户意见,在倾听客户异议时，不要表现出轻视的样子，如不耐烦、轻蔑的表情、走神儿、东张西望、绷着脸、耷拉着头等，而应双眼正视客户，面部略带微笑，表现出全神贯注的样子，不时地穿插一些鼓励和表扬的语言和动作。

销售自信是应该的，但不要自傲；认真细致是必要的，但决不能让人产生自己无所不知的感觉。客户是想了解产品的信息，而不想被人认为自己是愚蠢的。千万不要给客户留下这样的印象：销售总是对的，客户总是错的。所以，销售不能语气生硬地对客户说"您错了""您说的不对""连这你都不懂"；也不要显得比别人知道得更多，比如"让我来给您解释一下……""我刚才讲的问题可以这样理解……""我帮您分析一下……""您没搞懂我的意思，我是说……"这种处理方法明显地抬高了自己而贬低了客户，挫伤了客户的自尊心。

销售最好应该这样对客户讲：

- 就像您知道的那样，我是说……
- 不用多讲，您早已明白，这个问题可以这样来看……
- 从您的话中我得出几点启示……
- 我没弄懂您的意见，这个问题似乎可以这样理解……

哪怕客人并不能理解你的解释，但他们对你的好意都会表示出某种领情的态度，这将大大有益于说服客户购买。

销售一定要记住：没有人爱听别人的教训，也没有人愿意承认自己愚蠢，在回答客户异议时，可经常采取下列问句：

- 我了解您的想法……
- 如果我站在您的立场上，也会提出同样的问题……
- 我也有同感，当我才开始接触这一产品时……
- 您的意见极为宝贵，我一定向厂里反映……
- 您对这方面的事是内行，令人钦佩……
- 我知道自己还没有完全解释清楚……

- 对不起，我使您产生了误解……

6．各种异议的转化技巧

（1）不要将价格放到一个重要的位置上。

有的销售主张用优惠的价格吸引客户，与客户面谈时，要以价格为中心。他们认为，价格因素比其他因素，如质量、性能等要重要得多。其实，这种认识是错误的。销售必须记住，价格本身并不能引起客户的购买欲望。客户是由于产品首先能满足自己的需要而购买，而不是因为价格便宜而购买。在整个客户购买心理中，求廉动机所占的比重很小，正如一位著名的营销专家所说："获取订单的决定因素，应当使客户看到他将得到的好处，而不是他所支付的费用。"

（2）客户说"没钱"的真正含义。

一些客户常说"没钱"，对此销售要有清醒认识。有时，"没钱"是借口，它并不是说客户真的"身无分文"，客户的意思是"我有买其他产品的钱，没有买你的产品的钱"。客户是按照最大效用规律来购买产品，当他们认为买你的产品没有比买其他的产品更迫切、更需要时，就会以"没钱"做借口。认识到这一点后，销售的任务就是，让客户认识到不购买这种产品将会带来的诸多不便，或者购买这种产品比不购买这种产品的好处要大得多。

（3）客户说"太贵了"的真实含义。

客户常常对销售说"太贵了"，因此，他们不想买。有的销售见到这种情况就匆忙向客户解释我们的产品不贵，比同类产品便宜，结果劳而无功。客户说"太贵了"，其真实含义并非是客户想买但因价格高而不买，而是客户没有认识到产品的价值。当客户说"价格太贵了"的时候，反映了客户对产品质量和价值的怀疑，而不单纯是对产品价格本身的不满。当客户认识到产品很好，能满足自己的需求欲望时，就会觉得价格便宜。反之，客户觉得购买某产品是一种负担，就会觉得价格昂

贵。当客户说"太贵了"时,销售可以通过以下方式来应对:

①先谈价值,后谈价格。销售不可主动谈价格,更不能一开口就谈价格:"这种商品的价格是10元。"这种做法是错误的。销售首先谈产品能够为客户带来的利益,以刺激客户的购买欲望,然后再谈及价格,就不会遇到太多的障碍。客户的购买欲望越强烈,他对价格的考虑就越少。如果过早地谈到价格,客户对产品的利益不了解,就有可能打消购买欲望。而当客户首先提出价格问题时,销售要尽量向后拖,如装作没听见,或说"一会再谈",或是建设性地回答,即报价的同时,主动地提出说明性材料。比如不能简单地说"这件39元",而应该说"这件39元,它带有一个显像管屏幕,这可以使你每次关机时都能看到一个亮点"。总之,销售要记住:在客户充分认识产品价值之前,不要谈价格。

②多谈价值,少谈价格。销售要把谈话的中心放到价值上而不是价格上。只有让客户充分认识了产品的价值,才会认为物有所值。

③制造价格便宜的幻觉。用较小的单位报价。将报价缩至最小,以隐藏价格的昂贵。经验丰富的销售都有这种感觉,以一件产品的价格报价要比以一打或一箱的价格报价更容易促成交易。比如,一位电淋浴器的销售不是以"台"来报价,而是以"次"来报价:"每洗一次澡只需8分钱。"

比较。我国某公司产品厕所清洁剂的广告语是这样设计的:少抽两盒万宝路,一年不用刷厕所。"奥地利一位电器设备销售对客户这样介绍:"使用这种电器,每天只花两先令,还不到两盒火柴的费用。"这两个例子就是采用比较的方法,将产品的价格与日常支付的费用进行比较,使客户易于接受产品价格。

将价格与产品的价值联系起来。比如"这种显示器的成本是4000元。在使用的第一年,您将获利5000元";某涂料厂的广告是,"只需50元钱,使您房间焕然一新"。

把价格与产品的使用寿命结合起来，计算出单位时间（天、月）内的金额，以显示价格并不昂贵。比如，一位地毯销售对客户这样解释说："铺用我厂的地毯，每天的花费只有一毛多钱。"原因就是，地毯每平方米价格25元，10平方米的卧室需250元，但地毯可铺用5年，每天的花费只有一角钱。再如，英国一家企业在销售某种家庭用品时向客户指出："这种产品的价格是180英镑，它的使用寿命是10年，如果您把180英镑分为10份，您每年只花18英镑。如果把18英镑再分为12份，您每月只花1镑50便士，也就是说，您每天只花5便士。考虑一下你每天节省的工作时间和工作量，5便士又算得了什么呢？"所以，销售结合使用寿命为客户算细账，就能使其心悦诚服。

④销售不能轻易降价。销售不能把降价作为促使购买的唯一因素，面对客户的异议，动辄以降价为刺激。其实，降价并不一定能促进销售。据日本《日经流通新闻》的调查情况表明：降价销售"使买到不称心商品的人的比例增加到38%，而在没有降价时只占22%，增加了16%。因此，在客户中出现'若是名牌的减价商品就买，不是就不买或少买'的这种情况很少，约占全部的半数"。因此，销售对自己的产品应充满信心，在价格问题上要采用较强硬的态度。无论客户在这个问题上如何纠缠都寸步不让，宁可失去一两笔生意。面对客户的压价要求，要以坚定的口气向客户说明不降价的理由。比如，客户问："你能打多少折扣给我？"销售回答道："抱歉，本企业一向规定不打任何折扣，因为本企业不会在产品质量上打折扣，所以也不在价格上打折扣。换句话说，我们不会因为客户缺乏这方面的知识而欺骗客户。"当然，在特殊情况下，例如稍微降价可以获得更大量的订单时，也可以适当降价。

（4）其他客户异议的转化技巧

①需求异议。指客户自认为不需要营销的产品。比如，客户说："我根本就不需要这种东西"，"我们已经有了"，"这东西有什么用"等。

需求异议是客户对营销产品的彻底回绝，或者说是对营销活动的彻底否定，因为连产品都不需要，价格质量等其他一切就更谈不上了。

产生需求异议的原因有三种：第一种是真实的需求异议，即客户确实不需要所营销的产品；第二种是虚幻的需求异议，客户客观上存在着对营销产品的需求，但主观上没有认识到；第三种是虚假的需求异议，即客户不愿直接回答销售的问题而捏造借口。

在处理需求异议时，销售要分清产生需求异议的原因。对第一种情况，要停止营销；对第二种情况，销售应刺激客户的欲望，创造出需求；对第三种情况销售应找出借口产生的真实原因，然后说服客户接受营销。

②货源异议。指客户自认为不能向这位销售及他所代表的企业购买产品。比如，客户说"我们已有供货渠道，我们和厂已有多年的关系"等。货源异议有真实的和虚假的。

真实的货源异议是营销的障碍，但货源异议本身又说明客户对营销产品是需要的。这就表明，对销售而言机会是存在的。打个比喻就是，客户并没有把门关上，而是留了一条缝，于是就有敲开的可能。

对真实的货源异议尤其是当客户与其他销售建立起良好的信任关系后，销售要克服这种忠诚式的异议将困难重重。对一个销售来说，要获得客户的信任，并且要超越客户多年来建立起来的对原销售的信任，单靠优惠的价格、更好的服务、优异的质量是远远不够的。当面临货源异议时，销售只有一个"情"字才能打动客户。

- 要满腔热情，努力赢得客户的信任。
- 经常找一些恰当的理由去访问客户，或是阐明新的利益。
- 在客户经营管理遇到困难时，主动帮助他解决。这一点是目前我国许多销售能够挤进竞争对手市场的一个重要原因。
- 千万不要攻击对手。一位营销专家提出："一个成功的销售不要贬低或诋毁自己的竞争对手，这样做了，就等于在暗示买主的判断力有问题。"最好还是称赞客户现在的供货商，然后抓住机会强调差别利益。

虚假的货源异议是，客户提出有相似的产品来源，只是想向销售施加压力，使自己在谈判中处于有利的地位，以达到杀价等目的。对虚假的货源异议，销售也要谨慎，不要使客户感到难堪从而不愿说出想购买的心里话。

③产品异议。指客户担心这种产品是否能满足自己的需求而引起的异议，如"这个东西的质量太差了……"，"我不喜欢这个设计……"等。对产品异议的转化，销售富有吸引力的介绍、进行示范和利用营销工具向客户强调产品利益，都是打动客户的好方法。比如，有的客户会说"以前用过，不好使"。这时有的销售可能会反驳说"没这回事"，然后与客户吵起来。面对这种情况，销售要查明原因，进行处理。为了弄清原因，销售可以对客户按照如下的标准询问模式进行询问：

- 自由型方法——概括地询问：这是怎么回事呢？
- 半自由型方法——分成几类问题来询问：你说的是产品还是售后服务？
- 肯定型——只谈优点：哪几点是非常好的？
- 否定型——只谈缺点：哪几点是不理想的？
- 选择型——让客户在几个问题中选择：这方面你认为怎么样？

经过上述的询问，然后再进行说明、解释，会使客户异议得到转化。

④拖延式异议。即客户在营销过程中有意拖延时间。他们愿意购买营销品，但由于种种原因，希望拖延购买时间。比如"让我们再考虑一下，研究后再告诉你"，"我们不能马上做出决定，以后再说吧！"

拖延式异议常常听起来理由充分，使销售难以应付，毕竟没有人愿意仓促做出决定。但只要弄清产生拖延式异议的原因就可以有针对性地应对。产生拖延式异议的原因不外乎以下三个方面：

第一，客户并不信服。出现这种情况，意味着销售没有做出足够的说明。在某些方面，或由于某种原因，他的营销介绍是不够全面的。如果客户信服了,就不会有什么理由拖延;对于不信服的客户,销售应该重新阐述自己最重要的观点。例如:"好吧,钱经理,让我们看看是否每件事都想到了(把所有主要观点都包括进来),似乎很明确,是这样吗?"

第二,需要更多的时间。销售可以把拖延异议导向到对自己有利的一面。比如,"我可以和你的同事们谈谈吗?我相信我俩就能够回答他们的全部疑问","你认为我给你的同事们做一次示范如何"。这种技巧的优点是,不仅给买主本人提供了帮助和支持,还可以保证由销售来提供难题的解决方法。

第三,其他原因。如果已对销售条件做了全面介绍,但客户仍迟迟不做出购买决定而且显得毫无理由,那么,客户一定有不愿表露出来的异议,妨碍达成交易。销售要让客户把具体的异议讲出来,然后有针对性地进行处理。这方面的基本技巧可以参考前面所讲的隐蔽式异议。

------ 测试题 ------

处理价格异议的能力测试

客户对于"价格太高"的抱怨古已有之,尤其是在经济高速发展的今天,产品的销售价格会毫无疑问地继续上涨。假如你使用的方法正确,则客户对于价格太高的抱怨是很容易处理的。然而,许多销售因听到客户过多的对产品价格的抱怨而导致自己也认为价格真的太高。许多销售往往忽略了这一事实:一个讲究信誉的公司很少会把其价格定得太离谱。因此,一个好的销售必须学会如何轻易地克服客户对价格的抱怨及反对。

以下的这些问题若回答"是"的话,那么填上该题后面所标出的分数;如果你的答案是"不"的话,在分数栏标上零,最后把所有的分数加起来。

1. 当你面对客户对价格的抱怨时,你是否立即就能分辨出这是一个

真正的反对要求,还是客户想对价格信息有多一份了解的要求?(10分)

2. 你自己是否确实相信你的价格并不是太高?(10分)

3. 你是否清楚而且了解所有竞争者的产品价格及他们的产品质量?(10分)

4. 你是否十分了解你所销售的产品的原始价格以及在产品售出后仍需付出的费用?(10分)

5. 你是否知道你公司在广告方面所花的费用及其对准客户的价值?(10分)

6. 售后修理的服务费是不是也包括在你的售价中?(5分)

7. 对于竞争者的价格及服务的优点,你是否擅长拿来弥补你的产品的不足,并争取优势?(10分)

8. 如果你的价格对于那些位于"边缘界限"的准客户们(只差一点就可以变成真正的客户)确实是太高的话,你是否能够立即察觉出来?(5分)

9. 如果客户认为或暗示你在价格上欺骗他,而这却不是事实的话,你是否能坚持不让步?(5分)

10. 在极少的情况下,假如你实在不能消除价格异议,你是否能立即与你的销售经理联系,以求解决或帮助?(10分)

11. 你是否把你自己的服务也尽力当成商品价格的一部分而营销出去?(5分)

12. 你是否能够把你所代表的公司的声誉也尽力当成是商品价值的一部分而营销出去?(10分)

如果你的分数是100分,这表明你在处理客户的价格异议方面是一个老道的专家;85分以上则说明你几乎是一个专家;分数低于75分,则表示你需要改善自己的营销技巧。

解析：

1. 客户对价格的抱怨分为二类：一是真正对价格不满，二是隐藏性的拒绝，即客户对这个产品的其他条件或对销售的介绍不能完全相信或满意，而采取的一种迂回、推托的战略；或是客户为了杀价；也可能是想对你产品的价格结构有进一步的认识；或想试探你对于产品的信心以及你所提供价格的公正可靠性而提出的反对意见。所以，一个好的销售必须能够明辨客户对于价格的反对是真实的，还是借题发挥。如果是对价格真实的反对，就要跟客户一起研究是否能改进，譬如付款的方法、订购的数量等。如果是隐藏性的反对，则销售必须强化客户对于产品的信心，加强自己产品优越性的宣传以消除客户的疑虑。

2. 作为销售，首先必须对自己的产品价格有十足的信心。因为，如果你自己都对公司的定价政策及产品的真正价值感到怀疑，那么，又怎能要求客户相信你的产品及价格呢？

3. "知己知彼，百战不殆。"对于竞争者的产品价格及质量，你都需要了解清楚，因为客户经常会向几家公司询价，所以你的定价与产品性能必须优越于竞争者才能拥有优势。

4. 许多产品都有售后服务，因此，你要对产品的价格中哪些是产品真正的成本，哪些是售后服务的成本有一个了解。这样一旦客户提出反对意见，你就比较容易得体地应付，因为你自己已经有了一个清晰的概念。

5. 销售要了解公司的广告费用及这些对客户的价值，比如对客户使用的引导、介绍作用、对产品特性的描述，使客户较易选择适当的产品等。总之，你对产品的各种销售费用知道得越详细，就越能够了解所定价格的理由，越能够增强信心及对客户的说服力。

6. 有的公司售后修理性服务是免费的。有的则是规定一定期限内免费，超过规定的期限则收费。因此，你要了解这种修理费用及人工服务是否计算在售价之内。

7. 好的销售不能一味地说自己的产品一定比别人好，也许竞争者的产品质量或服务确实比你的强，这时销售一定要想办法来弥补你自己在价格或质量上的弱点。

8. 如果你的价格对于许多边缘性的准客户而言的确太高，你必须研究怎样增加更多客户而减少单位固定费用，要吸引更多客户有时要因地制宜。

9. 如果客户认为你在价格上欺骗他而你实际上并没有的话，你必须坚持你的立场，绝对不能为了获得订单而与客户妥协，否则客户必认定你在欺骗他，从而蔑视你的人格，所以这时坚持立场是非常必要的。

10. 如果你能做到以上9点，那么几乎大部分的价格异议都能克服。如果在许多场合中销售无法克服价格上的困难，最好的一个办法就是向客户解释自己权力有限，必须向上级报告，那么这时就可由上级出面来完成任务。

11. 不论销售何种产品，你都不要忽略自己的服务。这种服务也许是形式上的，如个人对客户的关心；也可能是实际的，如向客户提供有关信息等。你对客户提供周到的服务，客户购买你的产品就增加了一份价值。

12. 商誉是重要的，销售必须把公司的名誉当成商品的一部分。事实上对客户而言，购买信誉卓著公司的产品会比较放心，这种"放心"也是商品价值的一部分。一个公司的商誉是经过许多人长时间共同努力的结果，代表公司无形资产的一部分，所以把公司的商誉当成是商品价值的一部分是十分合理的，而一个好的销售也必须让客户了解这个道理。

思考题：

请思考客户的反对意见有哪些，应该采取什么策略？

回款：确保货款的回收

◈ 收回货款才算是营销工作的结束

1. 合同代表客户要付款

勿以订约而得意忘形，以为营销工作到此结束。合同是在双方同意之下订立的，表示你代表公司将商品交给客户（财产所有权的转移），而客户必须有向你公司支付货款的义务。根据合同，你公司可拥有收回货款的权利，客户则拥有接受商品的权利。也就是说，公司有交货的义务，客户有付款的义务。当这一切都完成之后，才能算是营销工作的结束。因此有人说，营销就是及时地百分之百地收回货款。

2. 收回货款的方法

收回货款的方法有以下几种：

- 交货时收回现金；
- 交货前收款；
- 交货前收回部分款项，交货后再收回剩余款项（立即付款、分期付款）；
- 交货后，经过一定期限再收款。

其中前两种货款回收没有什么问题，只有后两种才成为应收账款。此外，货款可分为现金、支票、期票、划拨和由租赁公司一次付款或按月付款等。像支票、期票等，必须等到期兑现后才算回收完事。因此，订约时应选择更安全、更低成本的回收方法。

◇ 货款回收多重要

1. 回收工作为何重要

货款回收工作的迟延将会导致：

- 到期收不到货款；
- 赊账销售的比率升高；
- 期票的期限延后；
- 形成呆账，发生倒闭的现象；
- 你的公司将周转不灵，难以经营。

此外，一再迟延付款的客户（企业），极可能随时倒闭。货款回收迟延是一种不诚信的表现，这一点必须牢记。

2. 2万元坏账，使100万元的销售额化为乌有

以纯利润率2%的公司而言，如果出现了2万元坏账，必须另外销售100万元的货，才能弥补这项损失。如果是2000元，就等于损失了10万元的销售额。千万不要以为数额不大而不太在意，应经常将一些小金额换算成销售额，使自己养成不敢怠慢的习惯。

3. 收款有利于营销

如果你在一家饮食店赊了账，久久不还，往往难以再去，但若赊欠的金额很小，反而没有裹足不前的感觉。营销活动也一样，如果将应收账款搁置在一旁，客户反而不再向你购买。因此你必须明了，不留下未清算的赊欠货款，才会对双方都有利。

◇ 回收的心得

1. 客户付款是极其自然的事

早上起床梳洗、中午吃饭、发薪日领薪，这一切似乎都是极其自然

的事。即使刚开始是在有意识之下行动的，只要养成习惯后，便会在无意识下采取行动，这就是习惯的特征。你必须使客户养成良好的习惯，比如，使客户养成在期限当天早上 10 点，准备现金等待你的习惯。在订约时，应强调对方要付款的义务。第一次收款时，必须采取充满热情和耐心的坚定态度，切切实实收取款项。

2. 诉诸于对方的心理

每个人都有期望获得别人承诺、自我夸耀（荣誉感）、不愿受强迫、不肯让别人得知自己弱点等心理。在催收款项时，必须举出与对方同业的优秀付款客户的例子，以及双方对簿公堂等例子，设法使客户养成良好的付款习惯。

3. 即使了解对方的立场，也不可轻易认同

一个心软的人听到了对方正陷于周转不灵的困境中时，往往会由于同情对方，而无法提及收款的事。但是，这时同情对方，只会将他赶入更窘迫的境地，对他没有丝毫帮助。因此，虽然你明知对方的立场，也要采取不敢苟同的坚决态度。

◆ 预防迟延收款的方法

1. 合同必须仔细规定

为了预防不能及时收回货款，销售在与客户签订合同时，就应有所防备。具体如表 4-1 所示：

表4-1 应对客户拒绝付款的基本原则

合同规定	具体说明
应设定不遵守约定的条款	包括收回商品、损害赔偿和没收保证金等
要有确实的保证人	由一个具有付款能力者当付款义务人
收下担保	收下确实能换成金钱的货物为担保,设定质权和抵押权
合同必须经过公证	只要订立公证书,就可收回款项

2. 确定回收管理

经常使用营销回收管理图表,核对应收账款、期票余额、销售债权余额和销售债权回收期限等,确认有无如期回收,也是一件非常重要的工作。

售后:让客户成为长久伙伴

别忽略了售后服务

售后服务就是对于产品问题的处理,产品问题的售后服务做得不好会导致客户购买其他厂家的产品。因此,产品出现问题是最大的问题。此时提供优质的售后服务,判断问题是否存在,分清责任,是非常重要的。有时,责任分析非常复杂,各部门人员相互推诿,最后大家都推得一干二净,因而找不出该负责任的人,这是错误的行为。任何一个销售和部门经理,都需要承担自己职责内的责任。由于客户往往对诚实和承诺很敏感,所以应该替客户分担压力。可以说,服务是最佳的营销技巧,客户是销售最宝贵的资产。

售后服务的种类

售后服务分为三大内容：

第一，基本服务。为客户提供了基本服务，客户不会有怨言，但是也不会产生信任和忠诚度。

第二，附加值服务，也就是满意度。为客户提供附加值服务，可以提高客户的满意度。

第三，超出期望值的服务。提供超出客户期望值的服务，才能使客户产生对企业的忠诚度。

如果做不出超出客户期望值的服务，那么可以做有附加值的服务，至少让客户产生满意度；如果做不到附加值服务，就必须提供基本服务，这样才能让客户没有怨言。但是，不能提供不符合质量的服务，否则会让客户产生极大的抱怨和反感情绪，进而转向其他的公司产品。

很多乘客认为，不少航空公司的空中服务不合格。一位乘客因飞机上的盒饭量太少而吃不饱，于是他向空姐再要一盒，但服务人员说："等会，看有没有剩的。"这使乘客很不满意。等了一会，那位服务人员拿了一盒饭过来，但是她没有直接送给这位乘客，而是对着所有的乘客大喊："哪位先生多要一盒饭？"于是，大家的目光都聚集了过来，使那位乘客很难堪。

所以，企业的销售首先应该提供标准的服务，一定不要提供不合格的服务，而我们努力的方向应该是提供超出客户期望值的服务。

如何做好售后服务

做好售后服务工作应注意以下几点：

第一,建立详细的客户资料档案,进行整理分析,并安排客户服务计划。

第二,按计划进程,定期、不定期组织服务访问或客户联谊会、沙龙、免费的影视赠券等,给客户提供附加值服务。

第三,通过客户转介绍,再销售、延伸市场、形成客户链。

第四,运用现代通讯手段,比如电话、传真、邮件、E-Mail、手机短信息、礼仪专递、点歌等,为客户提供即时性的服务,即时性的就是随时性的服务。

1. 养成客户服务的良好习惯

顶尖销售要养成为客户服务的良好习惯需要做到以下几点:

第一,准时,尊重客户的时间,如果迟到应该提前通知。

第二,言而有信,承诺要留有余地。没有把握的事坚决不承诺,不守信用属于人品问题,销售应该把每一位客户都看成是最重要的。任何小客户,都要当做百万元的大客户去对待。

第三,把同事看成客户,内部营销协同作业。企业要建立一个内部市场链,内部各个部门也应相互协调,相互配合。

第四,拒绝客户要求的时候,应给予更多的选择机会。

第五,打电话时要面带微笑,音调的变化,要抑扬顿挫。

第六,提供一些额外的附加值服务。比如,某销售了解到他的一位客户家里遇到了一场官司,而且这场官司对客户一家特别重要。于是,在提供正常的服务之外,这位销售还调动了自己的一切社会力量,帮助客户打赢了这场官司,该客户对这位销售非常感激。这就是额外的服务。

第七,与客户沟通时运用正确的习惯用语。比如:

正确的习惯用语是"我想想看",错误的是"我不知道"。

正确的是"我能做到的是",错误的是"不,不行"。

正确的是"这件事有我帮助您,请您跟我来",错误的是"那不是我的工作，我管不着"。

正确的应该是"我们理解他们的苦衷，他们可能有难言之隐，可能要做出解释"，错误的是"您是对的，这个部门特别差劲。他们一帮人看谁都像贼，其实他们部门的人自己全是贼"。

正确的回答是"让我们看看，这件事情怎么解决"，错误的是"那不是我的错，那是他们的错"。

附加服务有很多要求：

一是要以积极的态度来吸引客户的注意力。如发放信函资料后做电话销售、说明自己的意图并咨询客户是否有空交谈，利用第三者引见等，这些都是以积极的态度吸引客户的注意力。

二是定期询问一些定向服务的问题。可以运用开放方式的提问，比如："你最关心哪些方面的问题？"也可以运用封闭式的提问，比如："现在和你交谈方便吗？"

三是说明自己能提供的特色好处和特殊服务。

四是对客户谈话做顺序式真实的反映。

五是模仿客户，保持与客户的风格一致。

六是了解客户挑剔的最重要的原因是什么，谈论相关解决的方法。

七是理解客户的忧虑，接受客户无兴趣的拒绝。

这些都是在服务的过程中应该重视的问题。

2. 区分对待不同性格的购买者

售后服务要把握不同性格的购买者。客户类型的划分需要依据两个坐标系：第一个坐标系是外向和内向；第二个坐标系是重人际关系和重事情原理。依据这两个坐标系可以将客户划分为四类。

第一类，外向型且重做事情的客户，我们称之为力量型客户。此类客户性格比较外向，追求轻松刺激，且善于做事，能够非常有效地达到他们的目的。其特点是给人主宰的感觉。

第二类，外向型且重人际关系的客户，我们称之为活泼型客户。此类客户性格比较外向，不善于做事，但比较注重人际关系。其特点是生动有趣，爱好广泛，多才多艺，爱赞美别人，爱拍马屁。

第三类，内向型且重人际关系的客户，我们称之为和平型或者平和型客户。此类客户性格比较内向，但非常重视人际关系。其特点是按部就班，有自己的做事规矩，所以别人不可随便催促；虽然他们不爱说话，但非常自信，喜欢毛遂自荐。

第四类，内向型且重做事情的客户，我们称之为分析型客户。此类客户非常内向，不爱表达，但善于做事，往往能够提供有力的证据和信息。其特点是不说话便罢，一说话非常内行，有板有眼，一条一条说得非常清楚。

所以，不同性格的购买者有不同的特点，针对客户不同的特点，我们在进行服务的过程中，要提供不同特性的服务。

3. 先做人，后做事

服务营销就是先做人再做事。销售首先应把人做好，再力求把事情做好，而不是先做事，后做人。要先做好人，需要掌握以下几点：

第一，感恩的心是服务的原动力，应以诚感人。销售之所以要给客户提供服务，就是要感谢客户，因为客户是销售的衣食父母。

第二，随时留意客户的需要，主动服务。销售平时要能见机行事，能及时了解客户需求，做到雪中送炭。

第三，做好计划，充分准备，付诸行动。凡事都应提前做好计划，进行充分的准备，最后，让我们的行动去说明一切。

第四，客户有急难之事要及时给予帮助。比如客户的孩子要高考，对于填报志愿，若销售比较擅长，应尽力协助客户，客户会必然非常感激。

第五，销售应该与客户经常保持联络，见缝插针，随时服务。在服务营销的过程当中，我们要与客户保持一种良好的联络关系，然后见缝插针，随时提供各式各样的服务。

思考题：

1. 如何为现有客户提供更好的附加值服务？

2. 如何更好地为重要、优质的客户提供超出期望值的卓越服务呢？

3. 如何通过现有老客户延伸新客户？

Top Sales

第五章
顶尖销售这样提升个人含金量

心态：销售就要拼心态

心态影响行动。以积极的心态去看待世界，那么世界上的一切都是美好的；而如果一个人的心态非常消极，就会感觉整个社会都非常黑暗。对于社会好坏的判断完全取决于一个人以什么样的心态去看待。因此，作为销售，要永远充满激情，永远有一种冲动，这样才能把工作做得越来越好。

◈ 心态控制命运

命运取决于一个人的心态。心态好的人，看什么都好；心态不好的人，看谁都像"小偷"。如果销售心态不好，往往也没有人愿意接近他，因为谁也不希望自己被看成是"小偷"。因此销售要学会转化自己的心态。

心态对一个人的世界观的形成有一定的决定意义。对于销售来讲，好的心态格外重要。比如，销售上门推销时，刚一敲门，就被客户拒绝了。这时候应该高兴还是痛苦呢？一般的销售肯定会觉得很痛苦，但要想成为成功的销售，这时候实际上应该高兴。因为按照营销学的规律，每拜访30次客户才能成功一次。这一次失败了，就意味着还有29次就能成功了；如果连续失败20次，销售应该高兴得跳起来，因为还有10次就成功了；如果失败了29次，那么销售应该为自己敲锣打鼓，因为还有1次就成功了。

成功与否，很大程度上取决于工作者自己的心态。爱迪生做了2000多次实验，但还是没有找到适合做灯丝的材料。然而，爱迪生每一次实验失败，他都很高兴。因为每一次实验，他都成功地证明了一种材料不能用来做灯丝,也即淘汰了一种不合格的材料。世界上能用的材料毕竟有一定的限度,爱迪生换来换去,不断重复试验,最终发明了灯丝。

光明思维的三个级别

要培养好的心态,需要掌握光明思维。光明思维有三个层级:一级光明思维是,世界有黑暗也有光明;二级光明思维是,黑暗可以转化为光明;三级光明思维是,无论黑暗或者光明,都能充实自己的人生。对于销售来说,最好学会第三级光明思维,即无论是黑暗或者是光明,都能充实自己的人生,对自己都会有好处,要求自己不论面对光明和黑暗都保持非常好的心态。

人不能决定自己生命的长度,但是可以决定自己生命的质量。也就是说,人们虽然不能想活多久就能活多久,但是却有能力决定在自己有限的生命里是否能活得精彩。

人不能左右天气,却可以改变心情。秋风一过,树叶凋零,面对这样的情景,有些人心情沮丧,有些人却心情平静,这完全取决于用什么样的心态去看待。

人不能改变自己的容貌,却可以展示自己的笑容。一个人或许长得不漂亮,但是永远有灿烂的微笑挂在脸上,那么就不会有人说他丑陋。

作为一位销售,虽然不能控制他人,但是可以把握自己;虽然不能事事顺利,但是却可以事事尽力。

这就是心态控制命运,每个人都可以从自我的心态入手,去把握自己的人生。

学会心态转换

1. 感激给自己带来不利的人

要学会心态转换，首先要学会感激所有给自己带来不利的人：销售要学会感激那些伤害自己的人，因为是他们帮助自己磨炼了心智；要学会感激欺骗自己的人，因为是他们增长了自己的见识，是他们使别的骗子无法用同样的办法再骗自己一次；要学会感激鞭打自己的人，因为是他们消除了自己身上的惰性，正是他们的鞭打，让自己创造了更多的财富；要学会感激遗弃自己的人，没有他们可能自己永远无法实现自立；要学会感激扳倒自己的人，正是他们强化了自己的能力；要学会感激斥责自己的人，正是他们的斥责增长了自己的智慧。所以，销售要学会感激所有使自己变得坚定而有成就的人。

2. 用好的心态看待安危转变

好的心态，一个重要的标志就是，在安危变化过程中以积极的心态去面对，居安要思危。当自己的事业一帆风顺的时候，要有危机意识，不放弃应对危机的心理和行动上的准备。当危机来临的时候，要保持希望与信心，学会想象和寻找危机中孕育的生机，这样危机才可能向好的方面转化。

3. 永远充满激情

销售，要永远充满激情，永远充满创业的冲动，保持欢快、愉悦的心态，这样无论做什么工作都会很轻松。大家可以试想，如果你的领导是一个心态好的人，和他一起工作，是不是会感觉到非常放松；如果这位领导心态不好，看谁都不顺眼，哪怕和他工作一天都会非常紧张。所以，和心态不好的人一起工作，对人生来说是一种灾难。销售要想把工作做好，就要永远保持良好的心态。

仪表：多赚些第一印象分

◆ 不得不懂的营销礼仪

1. 礼仪的概念

所谓礼仪，就是人们在日常生活中所形成的行为规范与准则。礼仪没有道理可言，比如男性不穿裙子，是大家公认的准则。礼仪大致分为四个方面：仪表礼仪、仪态礼仪、访问礼仪、公共礼仪；公共礼仪又包括办公、介绍、交谈、演讲礼仪等。

2. 礼仪的特征

礼仪的特征包括三点。

第一，礼仪有规范性。礼仪一定要规范，一般来说，女性礼仪的规范主要看头部，男性礼仪的规范一般是看腰部。职业女性的头部一般要求简洁，不应披头散发；男性的腰上不要带很多东西，比如手机、钥匙等，避免走路时发出很大的声响。一般来说，男人礼仪素质的高低与他的腰上所挂东西的数量呈反比。

第二，礼仪有对象性。礼仪也要看当时的环境，在哪个国家和地域就要遵守该国和地域的礼仪。礼仪除了有一定的规范性之外，还有一定的灵活性。比如，按照国际礼仪，在与人交往时有5个"不问"：不要问对方的收入，不要问对方的年龄，不要问对方的婚姻家庭，不要问对方的健康状况，不要问对方的个人经历。但是在中国文化下，这些问题是朋友聚会时必谈的。因此，我国的销售在拜访客户时，不妨也多关心一下对方的健康、亲人情况、收入状况等，而且一旦切入这5个方面的问题，就能够迅速拉近与客户的感情距离。所以，销售应该灵活运用礼仪规范，在中国特殊环境下，不要盲目实行国际上通行的礼仪规范。

第三，礼仪有沟通性。所谓沟通性，就是要有对等性，即要视对方的身份、状况、礼仪特点，尽量与之沟通到位，与之对等。比如，在西方文化中，接受别人的赞美之后，习惯于说"谢谢"，而中国人通常谦虚地说"哪里哪里"。

◎ 干净整洁的仪表

"仪表"的重点就是露在衣服外面的部分，即头部、脸部和手部。

1. 头部卫生

头是每个人的至高点，所以礼仪应该从头部做起。头部的仪表标准可以用20个字来概括：干干净净、整整齐齐、长短适当、简单大方、朴素典雅。顶尖销售作为职业人士，头发应留短一点，也不要弄怪异的发型，要追求朴素典雅。具体如下：

- 要保持清爽的面孔。面孔是人与人交往时最正常的视力可及范围，也是经常被别人观察的部位，因此要保证面孔的清洁。
- 注意修"三毛"。"三毛"指鼻毛、耳毛还有胡须。一般来说，商务人士不允许留胡须。
- 保持眼部卫生。要劳逸结合，避免出现黑眼圈和红眼睛。在营销场合下不要戴太阳镜。

2. 口部卫生

双唇一定要干净，说话时要及时地清除口腔异味。唇部可以使用无色的唇膏以保持滋润。牙齿要保持整洁，消除饭后留下的异物和异味。

3. 手和脚的卫生

干净的手和脚是商务人士的第二张名片。尤其是给别人递名片时，手是很引人注意的第二张名片。所以，要勤洗手，保持清洁；不要留长指甲，不要涂彩色的指甲油。

◘ 文雅端庄的举止

要成为一名顶尖销售，一定要追求仪态美。仪态美包括举止、动作、姿势和体态，这些并称为人的第二语言。

1. 站的标准姿势

最容易表现姿势特征的是人在站立时的姿态。中国人常说，站如松，其基本站姿为：头正，颈直，两眼平视前方，嘴微闭，肩平并保持放松，收腹挺胸，两臂自然下垂，手指并拢自然微屈，中指压裤缝，两腿挺直，膝盖相碰，脚跟并拢，两脚尖张开角度成45度或60度，身体重心落在两脚正中。这样就从整体上产生了一种精神饱满的体态。站立时也可以保持两脚分开约15厘米左右，和肩膀平行。

应注意避免的是头下垂或上仰，收胸含腰，背曲膝松，臂部后突，手插在衣裤口袋里或搓脸、弄头发，脚打拍子，身靠柱子、餐桌、柜台或歪斜站立。

2. 走的标准姿势

最能体现出一个人的精神面貌的姿态就是走势。从一个人的走势就可以了解到他的欢乐和悲痛，热情而富有进取精神或失意而懒散，以及是否受人欢迎等。正确的走路姿势还有助于健美。

走路的基本姿态是：走路时目光平视，头正颈直，挺胸收腹，两臂自然下垂，前后自然摆动，前摆稍向里折，身体要平稳，两肩不要左右晃动或不动、或一只手摆动另一只手不动。走路出步和落地时，脚尖都应指向前方，由脚跟落地滚动至前脚掌，脚距约为自己的1.5~2个脚长。走路时应该优雅、自然。男士走路时要健步如飞，显示出阳刚之美；女士则要款款轻盈，显示出阴柔之美。女士穿裙子或旗袍时要走成一条直线，使裙子或旗袍的下摆与脚的动作显示出优美的韵律感。穿裤子时，宜走成两直线，步幅稍微加大，显得活泼潇洒。

走路的姿势应坚持八字方针：潇洒、稳健、文雅、持重。同时，为了保持良好的走姿，需要注意这样几点：走路不要带响声，应该把钥匙放在钥匙包或公文包里，以避免发出声响；走路时忌讳连蹦带跳、自由散漫、左顾右盼；同时，走路的时候不要突然收拾东西。

姿态是无声的语言，它在你开口说话之前就传递出了信息，别人已经对你产生了某种印象。你的姿态表明你是否对他人有兴趣，是否在意他人对你的看法，姿态的优雅对于取得事业的成功也是至关重要的。

3. 坐的标准姿势

正确的坐姿是腰背挺直，双肩放松，女士两膝并拢，男士膝部可分开，但不能超过肩宽。女士穿裙装入座，应用手将裙后摆稍稍拢一下，再慢慢坐下。

(1) **正坐**。两腿并拢，上身挺直坐正，小腿与地面垂直，两手放在双膝上。男士双腿可略分开且小于肩宽。

(2) **侧坐**。坐正，女士双膝并紧，上身挺直，两脚同时向左放或向右放，双手叠放，置于左腿或右腿上。

(3) **开关式坐姿**。坐正，女士双膝并紧，两小腿前后分开，两脚前后在一条线上；男士既可两小腿前后分开，也可左右分开，双手交叉于双膝上。

(4) **重叠式坐姿**。腿向正前方，而将两脚交叉放或跷起一条腿架在另一条腿上，但女士要尽力使上面的小腿收回平行直下，脚尖屈向下。男士也不能跷起很高的二郎腿。

(5) **交叉式坐姿**。两腿前伸，一脚置于另一脚上，在踝关节处交叉成前交叉坐式，也可小腿后屈，脚前掌着地，在踝关节处交叉或女士采用一脚挂于另一脚踝关节处后交叉式坐姿。

无论哪种坐姿都要注意不要弯腰驼背。女士坐下不要叉开双腿，起立时，可一只脚向后退半步，而后站起。

4. 手势

手势是肢体语言的一种，通常有很多种类。一般来讲，手势要讲究三个原则。

（1）**宜少不宜多，并且处变不惊**。当有变化的时候，要临阵不乱，避免张牙舞爪、指手画脚。

（2）**使用规范化**。一般来说，使用手势时掌心一定向上，比如表示说"请"时掌心要向上，同时还要避免交警式的手势。

（3）**注意地区性的差别**。中国人习惯于同性携手并肩，但西方人认为异性走路的时候"勾肩搭背"则表示亲密无间，西方人喜欢异性之间表示亲密，而中国人表达感情的方式则比较含蓄。

5. 要禁止10种异响

需要禁止的不良异响主要包括以下几种：

吃东西不要发出声音。按照礼仪规范，吃面包应掰开，一点一点地向嘴里送，否则会给别人留下像动物一样野蛮的印象。

美国哈佛大学一位著名的教授到中国的一家企业去做管理咨询项目。当这位教授走进企业的食堂时，就听见了企业职员吃饭发出的声音。教授听了非常不舒服，于是问中国的陪同人员："为什么他们吃饭要发出很大的声响？"陪同人员为了不丢面子，就解释说："这是中国人对饭菜口味表示赞美的一种方式。"

有一次，这位哈佛教授在中国请一群外国专家吃饭。他觉得一盆汤很美味，于是也想学学中国人的样子，为赞美这盆汤，在喝汤时故意发出了很夸张的声音，结果闹出了很大的笑话。

另外，说话、咳嗽和打喷嚏时，噪音尽量不要很大；吐痰、打哈欠、打嗝不要过分张扬，吸引别人注意；擤鼻涕千万不要单管独喷，要注意个人的卫生和礼仪规范；肠胃感觉不适时应该起身去卫生间，避免发出不雅的声响和污染环境。

6. 表情的控制

礼仪讲究表情，表情是人类的第一语言，也是最敏感的语言。人们在传达信息的时候，55%是靠表情，38%是靠语气，只有7%靠语言。

(1) 适当的视线。

眼睛的视线要注意对方的头发以下、下颚以上。不要过多地注意对方的胸部、腹部和腿部。一般来说，视线的方向应避免俯视，要往上抬表示仰望的意思，也不要侧视，应采取正视和仰视两种方式。看对方的时候，不要长时间盯着对方看，这样是不礼貌的，同时也忌讳激光扫描式地看。看对方的视线要尽量用散光柔视。

(2) 真诚的微笑。

人的仪态中微笑是最美的，真诚的微笑是商人的常规表情，是友谊的桥梁，也是悦耳的声音传感器。关于微笑，有以下几点规范：第一，应该与场合吻合，不要过于夸张；第二，笑的时候要合乎规范，露出上排的六颗牙齿为宜！心到、神到、意到的笑才是发自内心的最美的笑。不要矫揉造作，如假笑、吐舌头笑。男性笑的时候忌讳惊天动地，女性笑的时候忌讳过于张扬。

7. 化妆

对女士来说，会化妆也是礼仪的一个方面，工作妆一般以淡妆为主。销售的美容要化工作妆。男士美发定型，略用护肤品，用无色的唇膏和指甲油，少用香水。女士除此之外加上少量粉底，眉毛轻描，嘴唇稍微涂红即可。使用香水无须过量，在一米处能闻到即可。女士一定要在卫生间里化妆或补妆。

一般来讲，晨妆明朗，晚妆亮丽，社交妆美艳，结婚妆清纯，工作妆清淡。

8. 气质

气质指的是一个人的素质，它是一个复杂的"化合物"。构成气质的有与生俱来的容貌、体质、血型和微妙的遗传因素,更有后天的环境因素、文化修养、审美情趣、价值观念和心理机制。

气质如同石块,可雕可琢,未有尽时。然而,气质也蕴涵一定的稳定性。气质有不同的类型:质朴纯真、高雅端庄、热情奔放、雄健粗犷、温婉恬静、冷峻冷艳、庄重深沉、浪漫忧郁,以及艺术家气质、哲人气质、企业家气质、领袖气质等。

从个体上看,往往可能是几种气质兼而有之,此消彼长,或隐或现;或者是一种气质占主导地位,别种气质略作补充。相异气质在一个人身上交织,能使人显示出不同的风度,更能引人注意。

9. 风度

风度是美姿的展示,也是气质的显现。一般来说,风度与气质相应,气质欠佳者,难以真正有好的风度;而风度,往往也取决于气质。风度需要自知之明,审度自己,不埋没,不夸张。即使对自己的风度有较高的期望,也不能超越自我而"拔苗助长"。

一个有风度的人,必定知道礼仪的重要。即使是气质粗犷、冷峻的人,一般也不会择取无理粗鲁的自我形象,而是既彬彬有礼,又落落大方,顺乎自然,合乎人情。

◆ 体面合身的服饰

要成为一名顶尖销售,应该特别注意服饰得体。标准的服饰是人的"第二肌肤"。

1. TPO 原则和"三色"原则

营销的服饰礼仪首先要坚持 TPO 原则,T 即 time(时间),P 即 place(地点),O 即 occasion(场合),所谓 TPO 原则,就是服饰要适合于时间、地点和场合。

其次,要注意"三色"原则,即服饰不要超过三种颜色。

2. 顶尖销售的标准工作服

顶尖销售的标准工作服是藏蓝色的西装。需要注意的是：第一，袖口上的商标要撕掉，否则别人会以为要随时把西服退还掉。第二，上衣的衣扣要系得得法。一般来说，西装有两排扣和单排扣之分，单排扣有三粒扣和两粒扣之分。三粒扣西装，系上面一粒扣表示正规，系下面一粒扣代表流气，不系扣代表着潇洒，三粒扣都系上代表着傻气。第三，西装口袋不要乱放东西，如面巾纸、钢笔等都是不合理的，除非放一块真丝的手绢。

男士穿藏蓝色西装时一定要穿黑色皮鞋和黑色的棉袜，这样能给人正规和职业的感觉。男士销售系领带也要讲究艺术。领带长度适中，不要太长也不要太短，保证领带下摆盖住皮带扣即可。如果领带过长，走路时会乱飞舞，很不雅观。如果不打领带，衬衫的第一粒扣子一般要松开，系着会让人感觉傻气。另外，有很多人把领带夹夹在衬衫上，这也是不允许的。男士冬天穿西装最多穿一件羊毛衫，可以穿棉的衬衣和毛呢大衣以保暖。衬衫的袖口不宜露出，也不要穿高领内衣。

女性销售典型的西装是套装。其基本要求包括：第一，上衣不要过大也不要过小，长度到腰部为宜；第二，不可敞怀；第三，女士穿裙子时一定要穿衬裙；第四，内衣不要外露；第五，不要自由搭配服饰，如牛仔裤等休闲装；第六，忌讳穿皮裙；第七，不要乱配鞋袜，一般是黑色的皮鞋，紧身的肉色丝袜，切忌丝袜下滑。

销售一般需要随身携带的工具有：笔、记事本、计算器、名片夹、钥匙包、眼镜、纸巾、擦鞋纸和钱包，女性还需携带化妆盒。

◇ 高雅得体的谈吐

一个人的谈吐最能反映、表现出他的教养、能力和力量。销售谈话的分寸掌握得是否得体，直接影响到营销的成功与失败。所以，销售一定要注意礼貌用语。

古语云：与人善言，暖若锦帛；与人恶言，深于矛戟。只有开诚相见、坦率耿直、谦虚谨慎、尊重他人的谈话，才能使人感到亲切融洽。若是虚情假意，敷衍搪塞，满口"外交辞令"，就会出现"话不投机半句多"的尴尬局面。如果盛气凌人、妄自尊大或油腔滑调、避实就虚，都会使人反感，导致双方产生隔阂。

交谈的礼仪忌"10种嘴"：闭嘴不说话、插嘴、脏嘴（经常说脏话、粗口）、痞子嘴（即满口俗语）、诨嘴（满口色语或损语）、油嘴、贫嘴、强嘴、刀子嘴（说话尖酸刻薄）、电报嘴（爱传闲话）。

交谈时神态要专注，切忌东张西望、左顾右盼、坐卧不安、心不在焉，或者翻阅书报，自顾自处理一些与交谈无关的事务。这些都是极不礼貌的表现，会使对方感到被你轻视而不悦。在交谈中，也不要面带倦容，随意打哈欠、伸懒腰，显出一副疲惫不堪的样子。

◇ 坐车也要讲礼仪

乘车的坐位问题是很讲究的。驾驶轿车的司机一般分为两类：一是主人，即轿车的拥有者；二是专职司机。国内目前所见的轿车多为双排座与三排座，以下分述不同驾驶者时车上座次尊卑的差异。

1. 主人亲自驾驶时的坐车礼仪

由主人亲自驾驶轿车时，一般前排座为上，后排座为下；以右为尊，以左为卑。

在双排五人座轿车上，座次由尊而卑依次是：副驾驶座，后排右座，后排左座，后排中座。

在双排六人座轿车上，座次由尊而卑依次是：前排右座，前排中座，后排右座，后排左座，后排中座。

在三排七人座轿车（中排为折叠座）上，座位由尊而卑依次是：

副驾驶座，后排右座，后排左座，后排中座，中排右座，中排左座。

在三排九人座轿车上，座位由尊而卑依次是：前排右座，前排中座，中排右座，中排中座，中排左座，后排右座，后排中座，后排左座。

乘坐主人驾驶的轿车时，最重要的是不能令前排座空着。一定要有一个人坐在那里，以示相伴。比如，由先生驾驶自己的轿车时，则其夫人一般应坐在副驾驶座上。由主人驾车送其友人夫妇回家时，友人之中的男士一定要坐在副驾驶座上与主人相伴，而不宜形影不离地与自己的夫人坐在后排，那将是失礼之至。

2. 专职司机驾驶时的坐车礼仪

由专职司机驾驶轿车时，通常仍讲究右尊左卑，但座次同时变化为后排为上，前排为下。

在双排五人座轿车上，座位由尊而卑依次为：后排右座，后排左座，后座中座，副驾驶座。

在双排六人座轿车上，座位由尊而卑依次为：后排右座，后排左座，后排中座，前排右座，前排中座。

在三排七人座轿车（中排为折叠座）上，座位由尊而卑依次为：后排右座，后排左座，后排中座，中排右座，中排左座，副驾驶座。

在三排九人座轿车上，座位由尊而卑依次为：中排右座，中排中座，中排左座，后排右座，后排中座，后排左座，前排右座，前排中座。

宴会礼仪知多少

宴会对赴会时间要求严格，必须按照预定时间赴会，不能迟到，也不能去得太早。到达后，见面时只需与客人握手便可。进入席间后，与邻近的客人握手、互相问好。尽量与更多的宾客主动交谈，沟通感情，以营造一种良好活跃的气氛。千万别独坐一隅，寡言少语。

宴会礼仪有 30 忌：用餐时忌响声大作、放肆地剔牙、随便吐痰，忌一次入口太多、随意吸烟、宽衣解带、整理发型、补妆、边吃边说、补菜、划拳行令、下手取菜、站起来取菜、用餐具指人、对餐具品头论足、跟别人抢菜、端着盘子用餐、走动吃、搅拌汤料等。

坐在餐桌前要注意举止、体态。有些人由于忽略餐桌边的举止、体态，给人留下"这个人真没规矩"的坏印象。以下举止、体态是缺乏礼貌的，应予避免：进餐时，来回挪动椅子；随意脱下上衣，摘下领带，卷起袖子；随意抽烟点火；吃饭时将身体贴靠在餐桌边上，将胳膊支靠在餐桌上；说话时手舞足蹈，手势幅度过大，并且边说边用餐具指点别人；频频起立、离座，头枕椅背打哈欠，伸懒腰，揉眼睛，挠头发；两腿颤动，搓弄手指。

在用餐时一定要专心听祝酒词，比如主人开始祝酒时，不能只吃不理。另外，吃饭时不理别人、大谈趣事、非议饭菜口味都是不可取的。

◆ 时刻注意自我要求

要成为一名顶尖销售，需具备的礼仪规范的基本要求包括三个方面。

1. 尊重为本

首先要在别人面前对自己的公司和产品表现出一种自豪感。比如，当别人问你"在哪里高就，具体做什么工作"时，你如果回答说"瞎混"，这就让人感觉你不尊重自己的职业，那么别人怎么能尊重你呢？所以，我们首先要自尊，同时还要尊重自己的职业和自己的公司。

尊重上级是天职，尊重同事是本分，尊重下级是美德，尊重客户是规范，尊重所有的人是一种教养。因此，销售要以尊重为本。

优秀的营销工作者不但应该将工作做得有条不紊，而且要与经销商也建立起良好的友谊。尊重经销商，通过感情来维系、加深双方之间的合作，这也不失为一种吸引经销商的好方法。

事实上，尊重经销商是营销工作者必备的素质。"欲要人敬己，先要己敬人"，尊重经销商，才可能得到经销商的尊重；而只有赢得经销商的尊重，关爱才能自然随之而生，厂商之间的合作才能得到进一步深入拓展。在营销工作中，尊重经销商，加强双方之间的感情，以私交增进与经销商的关系，是一种花费少、效果佳的手段。

2. 善于表达

在开展营销过程中，客户更易于接受有条不紊、清晰流畅的讲解和表达方式，更喜欢既有丰富的专业知识、又有良好的语言表达能力的销售。所以说，销售提高语言表达能力非常重要。

有的人语言表达能力不够好，主要是源于其自卑感。其实，完全没有自卑的必要。因为每个人都是世界上的唯一，没有第二个你。而且，任何能力都不是天生的，完全可以通过后天的努力而获得。所以，不管自己长得高矮还是胖瘦，俊美还是普通，贫穷还是富有，都应当对自己充满信心。自信是成功的最重要源泉，表达能力的提高也是如此，只有不断学习才能提高。

首先，向善于表达的人学。除了向培训师、讲师等善于表达的人学习以外，更多的是要向身边的普通人学习他们在语言表达方面的优点。

其次，向相关书籍学。多看与表达能力有关的书刊，这是提高表达能力的又一个重要环节。

最后，向网络学。互联网上有许多与提高表达能力相关的资料，销售从中可以学到更多的东西。

同时，销售还要积极参与各种集体活动，如晨会、联欢会等，特别是晨会。每天的晨会都应当坚持参加，并且积极参与其中的活动。要不断完善自我，培养自己良好的人格品质，广结人缘，多交朋友，朋友多了自然应酬和交流就多，说话的机会也就多起来，语言表达能力也会随之得到相应的锻炼和提高。

3. 灵活应对

结合当时的环境，恰当灵活地去运用规范，避免死板。比如，银行规定客户走的时候一定要说"欢迎再来"，但是这句话在特殊单位就不能说，比如交警对因违章被罚款的司机就不能说"欢迎再来"。

销售应变能力的提升，要基于对市场情况的详细了解与把握。通过竞争对手在市场上的蛛丝马迹，洞察其动向，揣摩其心理，见微知著，谋定而后动。

---------- 测试题 ----------

仪表仪态的自我测试

究竟你的仪表仪态是否招人喜欢？可借助下面的自我测验，了解并改善自己的仪表仪态。请用"是"或"否"来回答问题。

1. 一个人的仪表仪态重要吗？　　　　　　　　　　是□　否□
2. 参加社交活动时，是否认为换一套适合的服装是应该的？

　　　　　　　　　　　　　　　　　　　　　　　是□　否□
3. 人们是否称赞你的容貌？　　　　　　　　　　　是□　否□
4. 是否相当注意衣着服饰？　　　　　　　　　　　是□　否□
5. 服装的颜色和饰物的搭配，是否适合自己？　　　是□　否□
6. 在化妆、修饰方面，是否不过于吝啬？　　　　　是□　否□
7. 在购买服装和饰品时，是否对流行式样先行观摩和研究一番？

　　　　　　　　　　　　　　　　　　　　　　　是□　否□
8. 朋友们是否觉得你有和蔼的态度？　　　　　　　是□　否□
9. 是否很留意自己的发式和清洁？　　　　　　　　是□　否□
10. 是否注意个人卫生？　　　　　　　　　　　　是□　否□

11. 每天晚上卸妆是否彻底？　　　　　　　　　是☐　否☐
12. 所穿服装是否适合年龄？　　　　　　　　　是☐　否☐
13. 是否注意手指甲的整齐、清洁？　　　　　　是☐　否☐
14. 对于携带面巾纸、小镜子等小事，是否不感觉烦恼？

　　　　　　　　　　　　　　　　　　　　　　　是☐　否☐
15. 是否注意自己的态度表现？　　　　　　　　是☐　否☐

上述 15 题，每一题答"是"的给 10 分，答"否"的没有分。

评分标准：

总分 150 分，证明你的仪表仪态很好；

总分在 100 分以上，则为优良，人们会对你有相当好的印象；

总分在 70 分以上为中等；

总分如在 70 分以下，则证明你的仪表仪态相当差，应针对上述问题，做自我检讨与研究改进。

沟通：能说善听促成交

◆ 营销中的有效沟通

众所周知，销售过程离不开沟通，因此销售与客户的沟通技巧显得格外重要。很多西方人认为中国人不善于沟通，原因在于中国人常常心口不一，一个人说话的真正含义需要别人去猜。事实上，这一点正是中国人善于沟通的高明之处。

营销沟通就是向客户灌输信息来改变客户的态度，或者使客户产生行动。营销沟通的受众可能是公司产品的潜在买者、目前使用者、决策者或影响者。营销沟通的目标是根据客户的反应设定的。

思考题：

> 美国著名的行为学家罗姆尼说："我不是说我没说过他，我说的是我没有说过我说过他，我希望你能明白我的意思。"这句话能否让人清楚领会说话人要表达的意思？

◇ 营销沟通的魅力

1. 沟通的作用

沟通的用途相当广泛，管理也是沟通，是上级和下级的沟通；而营销就是销售和客户之间的沟通。营销沟通的作用主要包括：第一，沟通可以使双方相互理解；第二，沟通有利于信息传达；第三，沟通可以增进友谊；第四，沟通可以使双方达成共识，解决矛盾。此外，营销沟通还能节约时间，减少压力，保证事情有条不紊地进行，顺利地达成目标，稳定人员情绪，提高工作满意度，化解误会等。

有效的沟通可以产生积极的作用。那么，怎样才能使沟通更有效呢？

第一，信息沟通方面。只有以真实、快捷为基础，才能有效地实现信息交流为公司发展服务、为公司决策服务的目的。

第二，情感沟通方面。只有以真挚、理解为基础，才能实现心与心的碰撞、心灵与心灵的交流，形成相互理解、相互信任的良好人际关系氛围。

第三，经验沟通方面。只有以真诚、无私为基础的经验交流、工作教训总结，才能切实实现彼此取长补短、共同进步，才能真正实现公司协调高效运行之目的。

2. 沟通的定义

为了设定、实现目标,而把信息、思想、情感在个人或者群体当中来回传递,并最后达成共同的协议,这个过程就叫做沟通。沟通就是用任何方法或者媒介,彼此交换信息。

沟通的定义包括这样几个要素:第一,要有一个目标;第二,要有信息、思想、情感传递,即沟通的内容;第三,在个人或者群体当中传递,即沟通的主体和客体;第四,达成协议是沟通的结果,没有达成协议是沟而不通,叫做无效沟通。无效沟通也属于沟通,能为以后的有效沟通打下一个坚实的基础。因此,顶尖销售可能会经过很多次无效沟通的行为,最终达成协议。

3. 沟通的类型

沟通可以分为语言沟通和非语言沟通两个大的类别,每一类别又会分出若干个子类别。如图 5-1 所示:

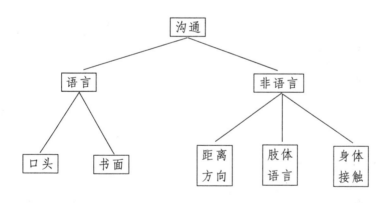

图 5-1 沟通的类型示意图

4. 常用的沟通渠道

沟通需要借助一定的媒介,也就是沟通的渠道,比如电话、电视、网络等。那么,我们在进行沟通的时候,经常会用到哪些渠道呢?

(1) **语言沟通**。在我们的生活和工作中时刻都在进行着语言沟通。

除了传统的面对面的语言沟通之外，现在又可以通过移动电话、网络视频等进行沟通。

(2) **文字沟通**。比如，企业每到年终，都会要求员工写总结报告。在实施项目的时候，我们需要给客户提供一个投标方案，这些都是文字的沟通。

(3) **肢体语言**。我们可以利用肢体语言表达商务礼仪。

(4) **多媒体技术**。多媒体技术的应用加强了沟通的效果。比如，以前对销售的培训都是以老师站在台上讲，学员们坐在下面听的方式进行沟通，但是现在的培训可以利用投影仪、笔记本电脑、幻灯片等多媒体技术和学员们进行沟通。

5. 有效沟通的原则

销售进行有效沟通需要遵循一定的原则。

- 了解自己的感受，学习自我沟通。
- 查证别人的感受，注意信息的互动与回馈。
- 不要强迫别人与你沟通，也不要太快放弃与对方沟通。
- 同理不是同意，接纳不是接受。
- 不同不是不好，不同只是双方的看法不一样。
- 正面表达自己的意思，减少扭曲、伪装和防卫。
- 你认为"对的"，对方不一定认为是"对的"，对方所采取的方法对他而言才是"对的"方法。
- 留个机会让别人说说他们的想法，留个耳朵听听别人的说法，不要采取闭关自守的态度。
- 沟通时要有感情，并能体会对方的感受，但也不是完全感情用事而失去理性，若沟通时不了解双方的感受，则不能算是完整的沟通。
- 不采取敌对态度。发怒与敌对不同，告诉对方你对他发怒，可能无法与他沟通，但仍有沟通的可能；至于采取敌对态度，如嘲讽、批评、讥笑等,就很难沟通了。

最重要的是,在沟通时要确实"听到"、"听懂"、"听完"对方的谈话,并且在互动过程中要澄清自己所听到、所了解的与对方所表达的是否有偏差。

◇ 营销沟通的技巧

沟通即是有效地进行信息的传达和交流。沟通是双向的互动过程,其目的不是要证明谁是谁非,也不是一场你输我赢的游戏。学习沟通之后也不能保证日后的人际关系就能畅通无阻,但有效的沟通可以使我们很坦诚地生活,以人为本位,以人为关怀,在人际互动过程中享受自由、和谐、平等的美好体验。越是与自己或别人有完整、充分的"接触",我们越能感觉到爱、健康和价值感,并且更能知道如何有效地解决我们的问题。

1. 避免单向沟通

所谓单向沟通或单向倾听,是指只有听者接受说话者的信息而彼此没有交换信息,或称为消极倾听。最典型的例子是学生听老师演讲式的课,或观众看电视、听众听广播。在人际沟通中也有这种情形,比如,某人掌握整个谈话的过程,其他人只能做听众,或父母训诫孩子不准其插嘴等。单向沟通(其实不能称为沟通,应该是单向"不"沟通)最重要的特征是其中几乎没有包含回馈。接受者也许有意或无意地会用非语言方式,如点头、微笑、眼光等来表示传送者的信息被收到,但没有用口语方式的反应来表示信息是否接收到。下图就是一个单向沟通的例子:

有的人可能会认为画中人物是一位西方的老太太，一个鹰钩鼻子，尖下巴；有的人可能会认为画的是西方的一位美少女，一个很小巧的鼻子，长长的眼睫毛。究竟是一个小姑娘还是一个老太太？从不同的视角，会看出不同的形象。

单向沟通的弊端是很容易使人产生误解，所以，销售在沟通的时候一定要避免单向沟通。在学习、工作，尤其是作报告和下命令的时候，如果用单向沟通的方式，效果必然不佳。因此，顶尖销售在对下属布置任务和作报告时，一定要用双向沟通的方法。

某公司总经理在一次会议上强调：如果今年的产量翻三番，销售任务翻三番，那么每个人的工资可以涨三倍。结果，由于只是单项传递信息，所有的销售只牢记了其中的一句话——"工资涨三倍"。

2. 克服沟通的障碍

（1）沟通障碍的种类。

在营销活动中，销售需要克服的沟通障碍有以下几种：

第一，表达者的障碍是词不达意。比如，语言障碍产生理解差异。中国地域辽阔，各地区语言差别很大，如南方人讲话北方人经常听不懂。另外，个人的语言修养和表达能力差异很大。有些沟通者事先缺乏必要的准备和思索，或用词不当，说话意图不清，让人听了半天却不知所云。即使意思清楚，用词得当，由于语音复杂，一词多义，理解的可变度较大。同时，个人在译、收过程中还会加上主观的综合推理，因而受个人的世界观、方法论、经历、经验、需要的影响，会导致信息扭曲而产生不同的理解和推论。

第二，接受者的障碍是接收盲点。比如，专业术语对客户来说是盲点，那么客户会立即打断并要求销售解释术语。

第三，沟通障碍还有双方的障碍。比如，愿望不同也会产生障碍。如果表达者在接收者心目中的形象不好，则前者所讲述的内容后者往往不愿意听或专挑毛病。有时虽无成见，但认为所传达的内容与己无关，从而也会不予理会，拒绝接受。

第四，需求、文化、态度的不同也会产生障碍。

(2) 产生沟通障碍的原因。

在营销活动中，产生沟通障碍的原因通常有两点。

第一，首因效应和近因效应。首因效应，是指将开头所说的那句话作为重点，即第一印象；近因效应，是指将结尾的、最后的一句话作为重点。美国人和中国人的沟通习惯恰好相反，美国人总是开门见山，把最重要的话放在开头说，这是首因效应；而中国人往往把最重要的话放在结尾说，这是近因效应。

第二，晕轮效应。当认知者对一个人的某种特征形成好或坏的印象后，就会据此推论该人其他方面的特征，这就是晕轮效应。沟通中由于神话、美化的作用，甚至可能将缺点也视为优点；也可能由于"疑人偷斧"式的猜测而影响准确判断，这些都是由于受到主观看法的影响而以偏概全或是爱屋及乌，从而造成沟通的障碍。在与人沟通的时候，一定要摒弃成见，在准确理解别人的意思以后再采取行动。

(3) 克服沟通障碍的注意事项。

为了有效地克服沟通障碍，需要注意以下几点：

第一，沟通要有认真的准备和明确的目的性。沟通者自己首先要对沟通的内容有正确清晰的理解，重要的沟通最好事先征求他人意见。每次沟通要解决什么问题，达到什么目的，不仅沟通者清楚，同时要尽量使被沟通者也清楚。此外，沟通不是下达命令、宣布政策和规定，而是为了统一思想、协调行动，所以，沟通之前应对问题的背景、解决问题的方案及其依据和资料、决策的理由和对组织成员的要求等做到心中有数。

第二，沟通的内容要确切。沟通内容要言之有物，针对性强，语意确切，尽量通俗化、具体化和数量化；要避免含糊的语言，更不要讲空话、套话和废话。

第三，诚心诚意的倾听。要提高沟通效率，必须诚心诚意地去倾听对方的意见。这样，对方才能把真实想法说出来，才能有效地克服沟通中的障碍。

3. 注意有效沟通的方法

(1) 有效沟通要有明确的沟通目标，而且始终都不要忘记。事实上，这一点知易行难。

小张35岁还没有结婚，心里很着急。于是，他经常到北京大学附近的一个比较受女生欢迎的咖啡馆里喝咖啡，希望能结识一位女朋友。一次，小张在咖啡馆里邂逅了一位非常漂亮的女大学生。这位女学生坐在小张的对面，也要了一杯咖啡，并对小张微微一笑。小张很想与这位女生进行沟通，其沟通的目标是要和这位女生交朋友，沟通的第一步是先要搞清这位女生有没有恋人。于是，他非常礼貌地问："请问同学，旁边座位有人吗？我可以坐下来吗？"没想到，这位女学生站起来，猛地一拍桌子,迸出一句脏话来,骂小张是流氓。小张觉得很尴尬,但这位漂亮的女大学生竟然静静地看着小张的脸,非常认真地观察他面部表情的变化。5分钟后,这位女大学生才开始说话:"同学,实在对不起,我是北京大学心理系的学生。我的老师让我做一个心理实验,看一看男同学在极度窘困的状态下,他的心理和面部的表情是如何变化的。"这时的小张早已忘记了自己沟通的目标,忍不住开始报复对方,也让她难堪。于是,他不假思索地说出了另外一句话:"要500块?咱们不是谈好了200块吗?"这时,所有咖啡馆里的人都在谴责这位女大学生。女大学生受不了如此侮辱,哭着跑了,小张的初始沟通也失败了。其失败的主要原因就是忘记了自己设定的沟通目标。

有些销售在给客户推销产品的沟通过程中出现了误会,特别是客户对销售不恭敬的时候,有的销售表现得很没有涵养,最终导致了沟通失败。之所以会出现冲动和没有涵养的行为,就是因为销售在沟通的过程中忘记了沟通目标。

一位保险推销员第一次把保单递给他的一位客户时,客户抓过保单来一看,毫不客气地说:"你们这些卖保险的就是来死缠,我最讨厌你们!"然后把保单摔在地上。而保险推销员始终牢记自己沟通的目标,于是,笑着从地上捡起保单,铺平,客气地对客户说:"先生,实在对不起,我让您失望了,也让你生气了。但是呢,这个产品特别适合您的家庭,它肯定能够保佑你们家长久平安,还是请您看一看。"说着又双手递了过去。但是,客户还是把保单揉成团扔到了地上。推销员第三次从地上捡起保单,铺平,双手递上:"先生,我真的认为这个产品特别适合你们家,确实能保佑你们健康长寿。"看到推销员的反应,客户毫不犹豫地买下了保险,并对推销员说:"我非常佩服你的人品。侮辱了你三次,你竟然没有任何反应,还是以这么友好的态度面对我,相信你这样的人推销的产品绝对不会太差。"

（2）**重视细节**。客户的一颦一笑都可能反映出一定的信息。

（3）**确定目标**。如果目标非常大，就可以将其分解成若干小目标，首先来实现小目标，然后再逐步实现大目标。

（4）**站在对方角度**。设身处地地为对方着想。

（5）**抛弃成见**。销售要把过去所有的成见全部抛弃掉，根据具体的情况具体分析。

（6）**对事不对人**。销售在与客户沟通过程当中要立足于解决事情，对事不对人。

（7）**针对不同的对象进行不同的沟通**。销售寻找适合的对象去沟通，能够获得很大的成效。

有一位哲学家到农村给农民们讲课。正在讲课时，突然天降大雨，农民们都走了。雨停后，只有一位老人牵着一头牛继续听哲学家讲课。哲学家见大部分人没来听课，于是，决定不再继续讲了。正当他要离开的时候，那位老人对他说："哲学家先生请留步，我养了一辈子牛，从来没有让我养的任何一头牛挨过饿。"哲学家听后顿时醒悟过来，他说："你说话的道理我已经明白了，我也不会让任何一位学生在哲学上挨饿。"于是，哲学家继续给老人和牛讲课。几个小时以后，课终于讲完了，老人又叹了口气说："我养了一辈子牛，从来不会把这一车草料一下子就喂给一头牛。"哲学家听了老人的话感慨万千地说："我今天遇到真正的哲学家了。"哲学家讲课是一种沟通，但在讲课的过程中忽视了听课对象的身份和特点，讲课没有深入浅出，而是满堂灌，结果造成了这种沟通的障碍。所以，在沟通的时候要针对不同的对象采用不同的沟通方式。

4. 注意多种沟通方式

沟通的方式有很多种。销售应当采用多种方式去沟通，避免只用其中的某一种。沟通方式主要包括语言、文字、肢体语言等。研究表明，在沟通的过程当中纯粹的语言文字占7%，语气语调占38%，肢体语言占55%，因此销售在与客户沟通时要多用肢体语言，少用纯粹的语言。

纯粹的语言加上肢体语言、语气语调等具备了很多言外之意和灵活运用的条件，其作用不仅仅是7%的比例了。

比如，一个男孩喜欢一个女孩，对女孩说了很多次"我爱你"。女孩不喜欢男孩，而且因为他的纠缠很烦恼，于是就恶狠狠地对那个男孩说："我爱你行了吧？王八蛋。"于是在很嫌恶的语气下，"我爱你"的含义变成了"我讨厌你"。

同样"我爱你"三个字，换成肢体语言和语气语调就是另一种情形了：恋人之间有时会很甜蜜地假装生气，尤其是女孩有时捶着男朋友的胸脯撒娇地说"我恨你"，事实上"我恨你"三个字加上这种肢体语言和撒娇的语气语调，就表示了"我爱你"的意思。

因此，很多销售的误区是在客户面前喋喋不休地推销，而不善于采取行动。实际上，销售应该首先用肢体语言来证明自己的行为，然后再进行语言推销。

5. 注意沟通的六部曲

销售第五个有效的沟通技巧是，注意沟通的六部曲。沟通的六部曲包括事前准备、确认需求、阐述自己的观点、处理好沟通过程中出现的异议、达成协议和共同实施。

在沟通的六部曲当中事前准备相当重要。因此，销售在给客户打电话和进行销售时一定要做好充分的事前准备。这些准备工作主要包括设定目标、制订行动计划、预备可能出现的争执、分析自己的优势时稍微避开劣势。打重要的电话或者进行重要沟通时一定要把以上的内容先写下来。销售只有养成充分准备的好习惯，才能在营销过程中胸有成竹。

6. 善于运用模仿

销售在沟通的过程中要善于运用模仿，这在沟通中相当重要。模仿分为三个层次：行为模仿、风格模仿和思维模仿。思维模仿是模仿的最高境界。

（1）行为模仿。

要想与人沟通，就要善于模仿对方的行为，这样可以使对方产生一种亲切感。比如，广东的客户用餐时，有先喝汤后吃饭的习惯，且喝汤时慢慢品味；而山东客户喝汤时，习惯于一饮而尽。因此，与广东客户谈生意时，要模仿广东人的习惯；而与山东客户沟通时，也要尊重山东人的习惯，这是一种行为模仿。

（2）风格模仿。

风格模仿就是模仿对方的风格。一般来讲，人有三种风格：第一种人是视觉型的风格，视觉型人的特点是语速比较快，平时做事比较急；第二种人是触觉型风格，此类人的特点是说话非常慢，声音低沉，做事节奏比较慢；第三种人介于视觉和触觉的人之间，叫做听觉型人。假如自己是一个视觉型的人，而碰到的客户也是视觉型的人，那么就要用视觉型的行为去模仿客户；而与触觉型的客户沟通时应该在节奏上与之合拍。另外，模仿别人的风格一定要力求自然，不可造作。

（3）思维模仿。

沟通的最高境界是思维沟通，所谓思维沟通就是模仿对方的思维，站在对方的角度思考问题，对方想什么就为其实现什么。

7. 善于聆听

销售与客户沟通时，一定要善于聆听客户的意见。聆听能鼓励客户倾诉他们的状况与问题，而这种方法能协助销售找出解决问题的方法。聆听技巧对有效沟通至关重要，它需要相当的耐心与全神贯注。聆听时要主动地听,能够移情换位地听懂对方的信息。不同的场景需要不同的听法,而且要做适当的回应。

销售在聆听时一定要注意听的 5 个技巧:第一,身体前倾,不要把椅子坐满;第二,表情愉快;第三,目光与对方进行交流;第四,要不住地点头回应;第五,勤于记录。

所以,销售在与客户沟通时要善于去聆听。有时候即使对客户讲的话实在没有兴趣,你也要鼓励他讲,只要满足了他说话的欲望,他就有可能买你的产品。

聆听除了有 5 个技巧,还有 5 种境界,由低到高依次是:听而不闻、虚应、选择性地听、专注地听、设身处地地听。销售聆听的最高境界是设身处地地去聆听。

8. 善于表达

表达是沟通中非常重要的内容之一。鸟不会被自己的双脚绊住,而人则会被自己的舌头拖累,比如有的人天生口齿不清或口吃。善于表达的人在工作、学习以及生活中都能够很好地与别人沟通。

善于表达的交谈有三种:第一,社交谈话,通过语言分享某种感觉的闲聊;第二,感性的谈话,分析别人的内心感受,让对方宣泄出来,自己作为听众来承受;第三,知性的谈话,即传递资讯,多给对方讲点新知识,然后双向沟通。

表达时一定要遵循这样几个原则:第一,KISS 原则,就是言简意赅;第二,ABC 原则,也就是精确、简要;第三,清楚原则。

综上所述,沟通是任何领域必不可少的事情。销售需要牢记的是,无论是否同意对方的观点,都要尊重对方,给对方说话的权利,并且以自己的观点去理解并与之交流。

效率：让你的时间更高效

◘ 营销时间的价值

时间是一种重要的资源，却无法开拓、积存与取代。每个人一天的时间都是相同的，但每个人都有不同的结果。人们对时间的态度颇为主观，不同经历与不同职务的人，对时间有着不同的看法，于是在时间的运用上就千变万化。

财富、健康和时间，哪个最重要？事实上，财富远远不如健康重要，有健康才有价值，如果健康状况很差，拥有了财富再多也毫无价值可言。选择健康实质上也就选择了时间，因为一个人只要健康就有时间，不健康就没有时间，因此健康和时间是同等的含义。

世界上最长和最短的都是时间。地球有40亿年的历史，但是放在整个宇宙发展中来看只不过一瞬。所以，拥有了财富如果失去了时间，就会变得没有价值。因此，一个人最大的资产就是时间。

时间管理的含义就是，如何面对流动的时间而进行自我的管理。其所持的态度是，将过去作为现在改善的参考，把未来作为现在努力的方向。好好地把握现在，运用正确的方法做正确的事。

珍惜今天，在最短的时间内要尽可能多地学习、行动，吸收更多的信息，这就是时间管理的价值。在现实工作中，很多人会遇到如下忙乱的情况：许多电话在响，备忘录当中许多事情等着去做，门和抽屉关了又开、开了又关，总之，一个忙、乱、累，让人烦心。这种状态就说明，时间管理出了问题。

时间管理非常重要，人的一生即使争分夺秒，最多也只能工作10年左右。比如，一个人的寿命按75岁来计算：由于20岁以前一般不会从事工作，那么工作的时间首先就要减掉 20 年；如果 55 岁退休，那么后 20 年也不是工作的时间。而且现代社会工作竞争日益激烈，人们退休的年龄还在提前。如果一个人 20 岁参加工作，55 岁离开竞争职场，那么其职业生涯就是 35 年。35 年乘以 365 天，就是 12775 天。12775 天减掉这 35 年每周两天的休息日，就剩下 9135 天。9135 天乘以每天 24 个小时，就得到 219240 小时。如果一天睡 8 个小时，这些年光睡觉的时间就占去 73080 个小时，还剩下 146160 个小时。假如一天吃饭用 3 个小时，那么减掉这些年吃饭的时间 27405 小时，最后得出的数量是 118755 个小时。这些小时折合成年大概是 13 年。在这 13 年当中还要减掉生病、娱乐、等人、找东西等所花费的时间，以 3 年计算，人一生最多可以工作 10 年。由此可见，时间对每个人来讲是如此的宝贵。如果每月的薪金为 1000 元，去掉吃饭、睡觉的时间来算，那么一个小时的价值就是几元钱，因此每一个人的时间成本都很高。

每一个销售都应该清醒地认识到自己已经走到了生命历程的哪个阶段，已经取得了什么成就，将要做什么。因此，要树立一个远大的目标，努力工作，有效地利用时间完成自己的人生梦想。很多人重视生命，乐意理财，却疏于管理时间，最终会为自己的人生造成很多遗憾。

◇ 营销时间管理的发展历程及重要概念

1. 时间管理发展历程

时间管理经历了四大发展历程：备忘录型、规划准备型、自我效率为中心型以及追求品质生活型。

（1）**备忘录型**。就是把需要做的事情全部写下来，每完成一件就减去一件，协助上级调配时间和精力，以保证不遗忘某些工作，并合理安排现有工作，避免引起混乱。这是第一代时间管理。

（2）**规划准备型**。就是规定了什么时候做什么事情。规定的时间该完成的任务没有完成,那么下一个阶段就要进入另外的工作,不让一件事占用了你所有的时间。第二代时间管理没有优先顺序,没有把重要的事情放在前面,因此可能这一天当中重要的事没有做,不重要的事反而做了一大堆。

(3) **以自我效率为中心的时间管理是第三代时间管理**。就是规定中长期目标,确定一种价值观,按照轻重缓急,对工作任务进行时间排序,确定哪些工作先做,哪些工作后做,以提高工作效率。

(4) **第四代时间管理的特点仍然有优先顺序,同时追求多方面的平衡**。不仅努力工作,还要关注高品质的生活。

2. 时间管理的5个重要概念

(1) **时间用作投资**。时间管理第一个重要的概念是把时间用作投资。如果仅仅消费时间,那么就是浪费时间。把时间用作投资,讲究的是时间会产生多少回报。时间投资就像资本运作,要计算投入产出的比例。

(2) **选择**。第二个时间管理的概念是选择。实际上,命运不是机会而是选择,选择的时候实际上就决定了命运。比如,学生选择不同的专业就决定了未来不同的职业生涯。

(3) **因变和自变**。第四个时间管理的概念叫做因变和自变。因变是被动的,而自变是主动地选择,并承担责任。因此,时间的概念是自变的概念。这时,就需要有一个量表来测验压力和危机程度。

(4) **效率和成效**。第五个时间管理的概念叫做效率和成效。所谓"效率"是过程,"成效"是结果。因此,时间管理是一个讲究成效的概念。

(5) **紧要和重要**。第三个时间管理的概念叫做紧要和重要。紧要是指时间,重要是指价值。不要刻意追求紧要,而要追求重要,重要是一个价值因素。因此,时间管理的概念应该是重要,而不是紧要。

◎ 提高个人效率的 8 种方法

一般来讲，提高个人成效有以下 8 种方法：

1. 效能管理法

所谓的效能管理法就是把每一天的事情按照轻重缓急划分为四类：

第一类，重要而且非常紧急的事，即 A 类事务；

第二类，重要但不紧急的事，即 B 类事务；

第三类，紧急但并不重要的事，即 C 类事务；

第四类，不重要也不紧急的事，即 D 类事务。

思考题：

> 请思考，你愿意花更多的时间做 A、B、C、D 中的哪一项呢？

时间管理的原则是提倡把一天 65%～80% 的时间用来做重要但不紧急的事情；用 20%～25% 的时间来做重要又紧急的事情；用大约 15% 的时间做紧急而不重要的事；只用不到 1% 的时间来做不重要又不紧急的事情。

为什么不是把绝大多数时间用来做那些又紧急又重要的事？为什么要把大部分的时间用来做那些重要但不紧急的事情呢？原因是，最重要的事情是那些重要但不紧急的事情，也就是 B 类事务，应该把更多的精力集中到重要但不紧急的事情上来。此类事情做得越多，重要又紧急的事情就会发生得越少。也就是说，之所以会有很多紧急又重要的事情发生，就是因为前期没有花更多的时间和精力去处理那些重要但不紧急的事情。如果处理不好以上这些事情，就会像无头苍蝇般盲目做事，结果哪一件事也做不好。

思考题：

1. 请列出上一周你所做的所有事情，包括生活和工作方面各10件以上。

2. 请把所列的20件以上的事情归类为A、B、C、D四大类。

3. 以上所列事情原来的时间分配比例是多少？准备如何调整和重新规划时间？

2. 10分钟效率法

时间管理技巧的第二个方面是艾维李的十分钟效率法。也就是首先利用10分钟的时间列出6件明天或下周或者是下个月最重要的事，然后把这6件事按照重要的程度排列顺序，上班以后开始做一号事，完成以后再做二号事，依此类推，直到结束。

"钢铁大王"卡耐基在接受艾维·李的建议时，与艾维·李先生大概谈了两分钟的话。艾维·李向卡耐基推荐了10分钟效率法。卡耐基在长期的应用当中取得了重大的成就，获得了高额利润。因此付给了艾维·李30万美金作为回报。

因此，每一个人都应该认真反思自己有没有这样的习惯，是否该养成这种习惯。如果做到这一点，就一定能够成为优秀的顶尖销售。

3. 一周时间运筹法

一周时间运筹法是提高个人成效的重要方法之一，也就是在每一个周末对下一周的工作进行时间运筹，要把下一周所有的事情进行一下划分。比如每天都应该做什么，并且具体到上午、下午或者晚上的任务，然后加以备注和总结。销售应该养成这种习惯，勤做安排工作的卡片，并随身携带。

4. 办公室5S

所谓办公室5S，是指对坐在办公室里的营销内勤人员和营销管理人员进行5S管理，进而提高成效。5S分别是指：整理、整顿、清扫、清洁、提高素养。办公室5S管理的对象包括文件、档案、办公区域、办公室的管理等，所以每天都要清理桌子，以便能够快速寻找到需要的东西。

整理办公桌的第一种做法是立即去办，第二种做法是马上传给其他的人，第三种办法是向垃圾桶里扔。但千万不要把文件一直放在办公桌上。办公桌上只摆放目前手头需要处理的文件，并且每天都要整理，最好不要把它留到明天。同时，可以用不同颜色的工作标签区分不同时间需要处理的文件，建立适当的文档系统。另外，打电话和接电话时最好站着，不要坐着，因为坐着打电话比较舒适，容易拖延时间。

5. 计划的杠杆原则

管理者最重要的事情就是实施杠杆原理，那么计划的重要性就显得格外重要。伟大的物理学家阿基米德说："给我一个支点，我就能撬动地球。"那么，时间管理的杠杆就是计划。

具体来讲，做好计划就是为大家提供一个表单——时间待办单，要求大家每天早上一开始工作就要填写这个表单，也就是做好非常清晰的计划。比如，按照优先顺序，要做的第一件事是什么，其他待办的事项是什么，完成人或者责任人是谁，完成后确认的标识是什么，把这些事情写下来后，还要做最后的确认。在管理中，监督非常重要，利用待办单进行时间管理也是一种监督。

俗话说："磨刀不误砍柴工。"花时间做详细的规划，可以使时间管理非常清晰，也可以让下属加倍努力来完善计划，所以制订计划是非常重要的。如果所制订的计划有缺陷，还要及时地修改，否则你所有的工作都有可能被打乱。

6. 目标阶段原则

（1）设立明确的目标。在某种程度上讲，成功就等于目标。时间管理的目的，就是让你在最短的时间内实现更多你想要实现的目标。你可以把今年 4 到 10 个目标写出来，并找出一个核心目标，按照重要性依次排列。然后，依照你的目标，设定一些详细的计划，你的关键就是依照计划进行。

(2) **量化目标**。即每天做什么，所做的事情应达到什么样的数量标准，都必须心中有数。在设定自己个人目标或公司下达销售目标的时候可以设定三种层次的目标：

第一，确保目标——无论如何誓死都必须完成的量化目标；

第二，力争目标——通过改进工作方法技巧和提高潜力可以实现的目标；

第三，理想目标——通过策略、投入的改变或借助外力的情况，结合自身的努力有可能实现的目标。

(3) **目标要分时段**。工作目标确定后，要细化时段，做到每个时段都必须有明确的实施活动，使它们具有逻辑性和精密性。先做重要事，分清紧急、重要，排出轻重缓急。紧迫性取决于时间要求，重要性取决于对目标实现的影响程度。销售应从自己的工作中学会工作分析和归类。一般来说，销售的工作大都可以分为三类：一类是老业务，一类是新业务，一类是非业务。销售应根据行业性质、产品特点和公司的营销模式准确地对自己的时间进行归类分析，按照紧急重要、紧急不重要、不紧急重要、不紧急不重要的四象限法则，做出自己的每日行动计划指南表。

7. 工作计划法

销售做好时间管理最有效的办法就是制订日工作计划。销售在制订日工作计划时一定要忘掉"明天更美好"，牢记"今天决定明天，今日为明日，今日更重要"的原则。认真制订自己每天的日计划清单，从而确保自己每天的活动和精力始终是在正确的轨道上。

销售要养成每天晚上拿出 20 分钟左右的时间来做好第二天的日计

划，无论职位的升迁还是工作的变化都不要中断。销售可以制作出第二天的时间分配表，次日早上起床后或在上班途中再用几分钟时间来回顾补充，然后按先后顺序有条不紊地进行。日计划是所有计划工作的基础，日计划工作的缺失和低质量，势必导致整个时间管理和计划管理的质量达不到很好的效果。

值得注意的是，日计划表中重要事项的设定一定要按 80/20 原则，采用最有价值的事情优先的原则。在计划时间时，你只能计划工作时间的 60%，预留 40% 的时间处理那些不可预知的事情。

8. 易位思考法

在营销过程中，要善于"易位思考"，保证自己能够从用户的立场上思考问题，销售的素质正体现在这一点上。

优秀的销售懂得把胜利的桂冠授给用户，而不是让用户感到后悔。在交易中，当用户感到自己是胜利者时，那么，销售就获得了全面的胜利。

但是，有的销售喜欢一味地鼓吹自己的产品，这时客户在心理上必然形成了警惕的屏障；有的销售则喜欢针对用户的弱点进攻，他的胜利是以客户受到伤害而获得的，成功的后面将是连续不断的失败。

优秀的销售最重要的特征是能够理解自己的用户，把营销看成是帮助用户获得所需要的东西，向客户提出诚恳的建议并帮助他们解决问题。

◇ 营销时间管理的技巧——4D 原则

4D 原则中的 4 个 D 各有不同的含义：

第一个 D 指 "do it now"，看一看哪些事情需要马上去做；

第二个 D 指 "do it later"，看哪些事情可以暂时放一放，一段时间以后自然会出现成效；

第三个 D 指 "delegate"，即授权，不需要亲自去做，为了节省时间，可以用金钱来购买时间；

第四个 D 指 "dont do it anytime"，即根本不需要去做。

---- 测试题 ----

你的营销工作效率高吗？下面这一表格可以帮助你了解自己营销工作的效率如何。

销售工作效率自我诊断表

序号	检查项目	回答 是	否
1	从初次敲开计划拜访的客户的大门时起，签合同的工作就开始了。		
2	至少每两个月要打开计划中的客户名单，重新考虑一次巡回走访路线。		
3	为推销自身而走访客户的观点是对的。		
4	经常对每位客户做出估计，看需要多长时间、走访几次方能有效地签订合同。		
5	每月、每周走访客户的时间尽量不变，对重点客户尤其如此。		
6	登门推销时，不宜由自己提起竞争企业的话题。		
7	不知道走访一次客户，本公司需要支付多少费用。		
8	对于即使遭冷遇、挨讽刺也不在乎的营销员，客户心里也会先让一子。		
9	承认客户的反对意见，对于促成交易是有效的一步。		
10	营销员对商品性能知道得越详细，销售额会增加得越多。		

(续)

序号	检查项目	回答是	回答否
11	对那些看来成交的可能性不大的客户，要尽快地由面谈改为信件、电话联系等方式。		
12	营销员为了让客户认识自己的能力，长时间地谈一些对方根本不知道或者好像不知道的事，或者向对方提问，这是必要的。		
13	访问客户时，让对方认为本公司在同行业中处于领先地位至关重要。		
14	进行客户分类时，没有考虑以交易量、利润额作基础来分类。		
15	即使同客户形成了亲密关系，也和交易量无关，无论如何也要增加走访次数。		
16	凡是涉及客户的问题，总是不厌其烦地与其他部门交涉，力争尽快得出结果。		
17	经常告诫部下，为公司争取订单，必要时可随时亲自去帮助他们。		
18	一再叮嘱部下决不准脱离订货合同的标准方法。		
19	对部下使用怎样的关键性语言取得了订单了如指掌。		
20	同已建立良好接触关系的计划中的客户签合同的可能性最大。		

答案：

1＝是；2＝是；3＝否；4＝是；5＝是；6＝是；7＝否；8＝是；9＝是；10＝否；11＝是；12＝否；13＝否；14＝否；15＝否；16＝是；

17 = 否；18 = 否；19 = 是；20 = 否。以上每答对一题加 1 分。

评判标准：

20～19 分：你是一名非常优秀的进行生产性营业活动的销售管理者；

17～18 分：你的营业活动属于生产性的，但有若干地方需要重新认识，要好好研究；

15～16 分：你是处于中等水平的销售管理者；

13～14 分：你的销售工作效率低于标准要求，需要对营业活动重新进行全面的研究；

12 分以下：成绩很低，应发奋进取。

延伸阅读

编辑的话 亲爱的读者,感谢您选择了这本书。如果没有您,这凝聚了作者与编辑心血的作品,就太寂寞了。

《顶尖导购这样做》

顾客难缠?只因为我们做的不够!
30个顶尖导购手把手教你终端销售绝招

热情、会说话的导购为什么还遭到顾客冷漠以对?要想成为顶尖导购,不能光会说,还必须会做。导购只有做对了,才能消除阻碍成交的潜在因素,不仅能轻松落下成交的一锤,还能把难缠的顾客变成朋友,让投诉的顾客满意而归,让新顾客成为忠实的老顾客。

本书是顶尖导购的实战档案,值得所有导购反复翻阅并潜心修炼。

作者:王同　定价:29.80元　ISBN:978-7-301-18367-0

《你能说服任何人》

掌控职场影响力的沟通艺术
德国顶级培训大师35年呕心之作,
让你成为最有说服力的人

出众的说服力,一靠讲话技巧,二靠个人魅力,两者都是可以通过训练获得的。本书出自德国顶级培训大师恩克尔曼之手,立足说服力,以沟通、演讲和职场管理为核心,系统全面地展开职业成功培训。大量切实可行的实战训练和方法技巧,帮助你迅速掌握"话未出口先胜三分"的说服艺术。

作者:【德】尼古劳斯·B.恩克尔曼　定价:28.00元　ISBN:978-7-301-16653-6

《你能说服任何人》

1周练成1个绝招,半年成为业绩冠军
技战法加修心术,全方位打造销售精英

销售这一行业,效率就是生命。只有出手快准狠,才能在最短的时间内,拿到最多的订单。

本书提供了一套简单易学、行之有效的销售培训方案,已被多家企业和众多销售人员证明高效实用。林有田博士从影响成交进度的四大方面,总结了销售人员迅速成长的方法,并提供了快速成交的21个招数,帮助销售人员全方位提升水平,成功抢下订单,实现超高业绩。

作者:林有田　定价:32.00元　ISBN:978-7-301-18741-8

更多好书,尽在掌握

大宗购买、咨询各地图书销售点等事宜,请拨打销售服务热线:010-82894445

媒体合作、电子出版、咨询作者培训等事宜,请拨打市场服务热线:010-82893505

推荐稿件、投稿,请拨打策划服务热线:010-82893507,82894830

欲了解新书信息,第一时间参与图书评论,请登录网站:www.sdgh.com.cn